織田信長〈天下人〉の実像

金子 拓

講談社現代新書

2278

目次

はじめに

素朴な疑問

織田信長《おだのぶなが》は本当に全国統一をめざしていたのだろうか。

などと書くと、何たる世迷い言を吐くのかと首をかしげるむきも多いのではあるまいか。

信長は元亀《げんき》四年（天正元＝一五七三）に京都から将軍足利義昭《あしかがよしあき》を追放したあと、全国統一をめざし着々と支配領域を拡大しつつあった。天正一〇年には甲斐《かい》武田《たけだ》氏を滅ぼしてその領国を吸収し、返す刀で西の毛利《もうり》氏や四国へ攻めこもうとしていた矢先、家臣惟任《これとう》（明《あけ》智《ち》）光秀《みつひで》の叛乱（いわゆる本能寺の変）に遭い、命を落とした。彼の〝全国統一事業〟は中途で挫折した、というのが一般的な見方だろう。彼のめざした統一政権は、羽柴《はしば》（豊臣《とよとみ》）秀《ひで》吉《よし》、徳川家康《とくがわいえやす》が引き継ぎ、近世社会が成立したという筋道である。

わたしには信長と朝廷・天皇との関係という限定された主題を考えた論文数篇があるのみなのだが、そこで検討を重ねる過程で、冒頭のような疑問がめばえてきた。

いままで誰も疑っていなかったようなことに対する懐疑なので、最初は半信半疑の体でこの疑問を頭のなかでころがしていた。しかしそのうち、誰も疑っていなかったことを考える魅力が次第に勝ってきて、しまいには、信長にまつわる様々なことがらをこの視角でとらえ直してみたら果たしてうまく説明ができるのか、考える癖がついてしまった。

本書はこのようなわたしの思考の軌跡をまとめたものである。信長が義昭を擁して上洛した永禄一一年（一五六八）以降を対象に、とりわけ義昭が京都から追放された元亀四（天正元）年から本能寺にて信長が斃《たお》れる天正一〇年までの期間を中心として、信長と朝廷・天皇とのあいだに起きた事件・できごとを、ひとつひとつ丁寧に、史料にそくして考えてその歴史的意義をとらえ直し、最後にそれらを総合したうえで信長の統治者（天下人《てんかびと》）としての姿勢をうかがうという構成をとる。

疑問視される革新性

もちろん天下人信長を考えるためには、岐阜《ぎふ》城・安土《あづち》城のような城郭、撰銭《えりぜに》・楽市楽座のような流通経済政策、検地のような土地政策、家臣たちによる分国支配のあり方なども含めた総合的な視野が必要であろう。

近年では信長が築いた岐阜城（信長居館跡）・安土城の発掘が進み、それぞれの城郭がどのような意図で築かれたのか、発掘成果をもとに推測がなされている。たとえば岐阜城では、庭園に室町将軍邸との類似性を見るいっぽうで、巨石を並べた石列による威圧効果、金箔瓦を用いた装飾の革新性という、伝統と革新の両面が見られるという。安土城でも、正面からまっすぐ直線で登る大手道《おおてみち》の発見など、当初から天皇行幸を迎え入れるための城造りがなされていたと指摘されている。

また楽市楽座政策については、信長の創意によるものではなく、それまでの戦国大名領国における同様の政策を継承したものと考えられるようになった。さらに領国支配のやり方については、信長のそれに他大名と比較しての先進性はなく、むしろ遅れていたと考える見方が、戦国大名研究の立場からかたちづくられつつある。

いま述べたような研究は、信長を何事にも革新的な政治指導者だと見るような位置から一歩引いた地点で、冷静に史料を検討してみちびきだされたものばかりである。またそこにはあたらしい研究成果が盛りこまれ、あたらしく発見された史料も積極的に使われている。

本書では、対朝廷・天皇という視角から、信長の志向についての仮説を提示する。右に述べたような側面についての考察はしかるべき時機にゆだねざるをえないけれども、研究姿勢は共有しているつもりである。

本書で論じることがらは学説の対立が大きく、さまざまな議論がなされており、本来であれば論点の整理が不可欠である。ただ新書という書物の性格上、これらを逐一紹介することはしない。先行研究への言及は可能なかぎり少なめにし、参考文献の表示は最小限にとどめ、残りは巻末にまとめた。史料の引用は原則的に読み下しか現代語訳とし（そのさい仮名書き主体の文書は適宜漢字などをおぎなった）、必要に応じて原文を添えた。読者がみずから典拠をたしかめられるように、本文中に示した典拠史料の出所もまた巻末にまとめた。

序章は本書の前提となる研究の流れをまとめた内容となるため、多少くわしく先行研究に触れることにした。しかしながら、信長の統治者としての姿勢を考えるうえでの重要な提起をおこなうつもりなので、退屈に感じても読み飛ばさないでおつきあいいただきたい。

序章　信長の政治理念

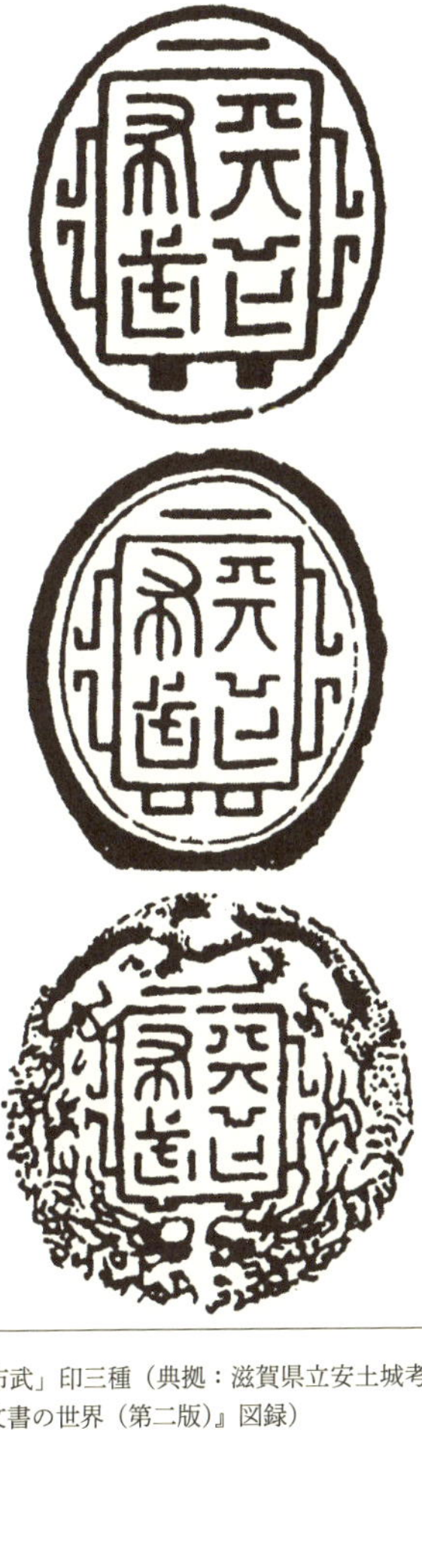

信長が用いた「天下布武」印三種（典拠：滋賀県立安土城考古博物館平成 12 年度秋季特別展『信長文書の世界（第二版）』図録）

「天下布武」再考

冒頭で発した疑問をもう一度くりかえす。織田信長は本当に全国統一をめざしていたのか。

いま「全国統一」という言葉を使った。あえて「天下統一」という言葉を使わなかったのには理由がある。信長の印章にも刻まれた「天下」という言葉について、最近の研究では、室町時代にまでさかのぼって用例を緻密に検討し、その意味合いを考える研究が進んでいるからである。

神田千里《かんだちさと》氏によると、「天下」とは次の四つの意味にまとめることができるという（「織田政権の支配の論理」）。

（1）地理的空間においては京都を中核とする世界。
（2）足利義昭や信長など特定の個人を離れた存在。
（3）大名の管轄する「国」とは区別される将軍の管轄領域を指すばあい。
（4）広く注目を集め「輿論」を形成する公的な場。

ただし神田氏は、別の論文で通常「天下」の領域は五畿内であると書いているように（「中世末の『天下』について」）、多くは（1）のように使われる例が多いとする。戦国時代においては、(3) にある将軍の管轄領域はほとんど京都を中核とする世界に限定されていたので、(1) と (3) は同義だと考えてもよいだろう。

こうした神田氏の見解は、二〇一二年に刊行され信長の「等身大の姿」を描いたとして話題になった池上裕子《いけがみひろこ》氏による伝記(『織田信長』)や、安土城発掘や信長発給文書の詳細な検討をもとに信長権力について研究を進めている松下浩《まつしたひろし》氏(「織田信長と天下布武」)もおおむね認めるところとなっており、信長の時代における「天下」の認識はここから出発しなければならない。

さてそうなると、信長が印章に用いた有名な「天下布武《てんかふぶ》」という文言の意味が問い直されなければならない。神田氏は、従来の理解のようにこの文言を武力による全国統一の意思表明とみなすなら、戦略家の信長としては軽率な行動なのではないかと指摘する。この印章を捺して周囲の戦国大名に書状を出すことは、宣戦布告に等しい行為となるからである。そこで神田氏は、「天下」の用例検討をふまえ、「天下布武」の意味を次のようにとらえ直した。

つまり、「天下布武」とは、将軍義昭を連れて入京し、畿内を平定して凱旋するという一連の戦争を遂行した結果、将軍を中心とする畿内の秩序が回復することを指すのである。これは永禄一一年に実現した状況を指し示す。

信長と天下静謐

右の神田氏の指摘は、大きな発想の転換をうながす議論なのではないか。

ふつう信長の時代（教科書的にいえば「安土時代」）の起点とみなされるのは、信長が義昭を擁して入洛したできごとである。日本史の編年史料集である『大日本史料』（東京大学史料編纂所編纂）のうち、信長の時期を担当する第十編は、ほぼそこを起点に置いている（ちなみに終点は天正一〇年六月二日の本能寺の変）。これにより信長が中央政治の舞台に躍り出、以後「天下布武」「天下統一」の道を邁進《まいしん》するといった筋道である。

神田氏の議論を借りれば、みずからの印章に刻んだ「天下布武」という目標は、永禄一一年に上洛した時点で達成されたのである。これまた池上氏が認めているところである。

それでは上洛後（「天下布武」後）の信長の政治理念は何なのか。わたしは〝天下静謐《てんかせいひつ》〟だと考えている。

鎌倉・室町時代において、将軍職や守護職などの「職《しき》」を帯びた人間には、支配領域内の平和と秩序を維持する責任があって、それを全うする能力をもたねばならず、その行動を現実に保障するものはそれぞれの家臣の支持以外にないという政治思想が共有されていた（佐藤進一《さとうしんいち》「室町幕府論」）。戦国時代の室町将軍のばあい、維持すべき支配領域とは京都中心の「天下」にほかならなかった。

　右の佐藤進一氏の議論を前提に、山田《やまだ》康弘《やすひろ》氏は、室町将軍が天下を維持するために頼った「家臣の支持」として、畿内の最有力大名であった細川京兆家《ほそかわけいちょうけ》（室町幕府管領《かんれい》を代々務めた細川氏の本宗家であり、右京大夫《うきょうだゆう》の官職に任じられたことから、その唐名をもってそう呼ばれた）のほか、その時々におうじて有力大名（大内《おおうち》氏や六角《ろっかく》氏ら）を頼り、いっぽうの大名たちも、領国支配を進めるうえでのさまざまな利益を得るために将軍を利用し、これを支えたという相互依存の関係にあったと論じている。

　このばあい軍事的実力は有力大名が勝っていたことはもちろんだが、期待しているような利益にそれをむすびつけるためには、将軍にそなわった権威による裏づけが不可欠であった。それが相互依存ということであり、両者の関係についてどちらが上でどちらが下かという見方で判断しようとすると、問題の本質を見誤るおそれがある。

　山田氏は、義昭と信長の関係もそれまでの室町将軍と有力大名との関係と同様だととらえているが、まさしくそのとおりであろう。信長は戦国時代の室町将軍を中心とした枠組みのなかで、「天下」という領域の平和と秩序を維持すべき将軍を支える存在として登場したのである。このような戦国時代において室町将軍が維持すべき「天下」の平和状態を、のちに義昭や信長自身も発給文書のなかで用いる言葉である〝天下静謐〟と呼びたい。これこそ信長がもっとも重視した政治理念（大義名分）であった。

信長は天下静謐（を維持すること）をみずからの使命とした。当初はその責任をもつ将軍義昭のために協力し、義昭がこれを怠ると強く叱責した。また対立の結果として義昭を「天下」から追放したあとは、自分自身がそれを担う存在であることを自覚し、その大義名分を掲げ、天下静謐を乱すと判断した敵対勢力の掃討に力を注いだ。

将軍不在の状況を克服して天下静謐を維持しようとしたという意味で、たしかに信長は革新的な権力者であったと言えるだろう。こうした権力者を言い表すことばとして思い浮かぶのは「天下人」である。たとえば朝尾《あさお》直弘《なおひろ》氏は、「天下人」とは信長・秀吉・家康三人のことであり、「天下を支配する人」「天下を実力でとった人」を意味するとしている（「天下人と京都」）。本書では、将軍という官職に依拠せず天下静謐維持を担った武家権力者を「天下人」と呼びたい。朝尾氏のように信長・秀吉・家康三人を天下人ととらえる見方が一般的であろうが、わたしの考え方では信長・秀吉の二人だけが該当する。

ただしおなじ天下人でも、信長と秀吉には大きなちがいがある。先に述べたような信長の使命は、羽柴秀吉が突き進んだ全国統一という道とは別物であるということだ。

全国統一とは、もっぱら征服欲にもとづく領土拡張の結果である。しかし最近の戦国大名研究では、戦国大名が闇雲に領土拡張をおこなったわけではないというのが共通した認識となっている（黒田基樹『戦国大名』）。もちろん征服欲による他領侵略が皆無であったわけではないが、自領防衛のための他領攻撃、他大名や幕府との関係など政治情勢からもたらされた進出など、多様な事情があったことも明らかにされている（鴨川達夫『武田信玄と毛利元就』）。

右の考え方を信長にあてはめれば、征服欲とは別に、天下静謐を維持するという目的での他領攻撃があり、その結果としての支配領域拡張があったと考えるべきである。

将軍という立場とは無関係に天下静謐を号令しても容易に服そうとせず、逆に敵対行動をとる大名が多かった。信長は天下静謐維持のため彼らを服従させようとして、それが軍事行動（戦争）となるばあいもあった。その結果勝利して相手を滅ぼせば、信長の支配領域拡大につながる。あえて言うなら、信長の勢力拡大は、天下静謐に刃向かう敵と戦った結果生じたのである。「天下」の領域が静謐となり、それを脅かす敵対勢力がいなくなれば、みずからの役割が果たされる、そう信長は考えていたにちがいない。

「天下人」による天下静謐は、それまで長い期間つづいてきた室町将軍によるそれとは異質である。信長自身が将軍に代わってみずから静謐維持を担おうと考えても、まわりの戦国大名たちにとって、それは従来感じなかったような不気味な圧力と受けとめられた。信長も彼らが抱いた違和感を払拭できないままであったため、信長の勢力が拡大すればするほど、支配領域を接する大名も増え、彼らとの軋轢《あつれき》も強まり、さらなる敵対勢力の出現をまねいた。くわえていったん静謐をもたらした支配領域内部からも離反する勢力が続出した。信長はそんな彼らに対して、ひたすら戦って抑えこもうとした。結局その状態は、本能寺の変において彼が討たれる時までつづいた。

以上のような信長の行動は、全国統一ということばとはむすびつかない。むすびつくのは秀吉からである。信長権力から「統一」の言葉を切り離して考え直す時がきているのではないだろうか。

天下一五年

信長の事跡を知るための重要史料のひとつに、家臣であった太田牛一《おおたぎゅういち》が著した『信長記《しんちょうき》』（信長公記《しんちょうこうき》ともいう）がある。牛一の自筆本が何点か残っているが、ここでは『信長記』の本文ではなく、自筆本の末尾に書き添えられた奥書《おくがき》（著者が執筆年次・動機などを記した記事）に注目したい。

足利義昭を擁して上洛した永禄一一年（一五六八）から没する天正一〇年（一五八二）まで、一年を一巻（一冊）で記した一五巻本の自筆本のひとつ岡山大学附属図書館池田家文庫本（以下池田家本とし、『信長記』の引用もとくに記さないかぎりこの自筆本による）の巻一（永禄一一年）には、次のような奥書がある。

信長公天下十五年仰せ付けられ候。愚案を顧みず十五帖に認《したた》め置くなり。

いっぽう巻一には、これだけを独立して一巻の巻子本《かんすぼん》に仕立てた自筆本が、加賀前田家《かがまえだ》の史料を伝える尊経閣文庫に所蔵されている（『永禄十一年記』）。その奥書は次のようなものである。

信長京師《けいし》鎮護十五年、十五帖の如くに記し置き候なり。

池田家本の傍線部について、たとえば元亀三年のことを記した巻五にある「五月十九日、信長天下の儀仰せ付けられ、濃州岐阜に至って御下り」や、天正二年のことを記した巻七にある「天下諸色《しよしき》仰せ付けられ、五月廿八日、信長岐阜に至って御下り」（いずれも「天下についての諸案件を指示され、信長は五月〇日に岐阜にお帰りになった」の意味）のような本文の用例を考えると、「被仰付」（仰せ付けられ）の「被」の字は、〝ある人（たとえば天皇や将軍）から天下の支配を一五年命ぜられた〟のように信長にとって受け身と考えるのではなく、牛一による主君信長への敬意を示す尊敬の用法と考えるべきだろう。つまり〝天下を一五年にわたりお治めになった〟といった意味になる。

『永禄十一年記』は池田家本より早い時期に執筆されたと推測される。そこで池田家本傍線部に該当する表現は「京師鎮護」とある。池田家本奥書は慶長一五年（一六一〇）に書かれた。『永禄十一年記』もそこから大きくさかのぼることはないと考えられる。

つまり『信長記』が叙述の対象とした一五年間の信長の役割は、信長の死から二〇年ないし三〇年後の牛一にとって、「京師鎮護」、「天下を仰せ付けた」と認識されているのである。

このことは、先に見たような「天下」の意味、および天下静謐を大義名分に掲げた信長の行動と矛盾しない。「京師鎮護」は、時間がずいぶん経過してあらたな世の中になってから、牛一が信長の時代をふりかえって表現した歴史認識ではあるけれども、天下静謐をみずからの役目とした信長の一五年間をまとめるのにふさわしいことばである。『信長記』一五巻は、「天下布武」後の信長の記録であるわけなので、そう考えれば、牛一の書いた「京師鎮護」「天下を仰せ付けられる」の表現も納得できるはずである。

もちろん永禄一一年以降の一五年間は実は「天下布武」後の時代なのだ、と言い換えたからといって、これまでの研究で積み重ねられてきたこの時代に対する評価までただちにがらりと変化するわけではない。ただそのことを頭に入れて史料を読み直せば、一五年間はちがった見え方をするかもしれないのである。

天下と天皇

それでは、本書の主題と深く関わる天皇・朝廷と、右に述べたような室町・戦国時代の室町将軍による政治理念、および「天下」との関係はどのようなものであったのだろうか。

戦国時代において天皇・朝廷は〝衰微《すいび》〟したとされているが、たしかに経済的困窮によりそれまでできていた儀式が遂行できなくなり、室町幕府や有力大名の後ろ盾なくして立ちゆかなくなっていたことはまちがいない。

そのうえで残された天皇の政務としては、災害が起きたり、世の中に疫病などが流行したとき、有力寺社にその祈禱《きとう》を命じたり、廷臣・大名らの官位叙任、僧侶などの僧位僧官叙任や香衣《こうえ》など装束の着用許可、伊勢神宮祭主や天台座主《ざす》・興福寺別当・東大寺別当など有力寺社を統括する職への補任といった職務・栄典の授与などをおこなっていた。また所領（禁裏御料所《きんりごりょうしょ》）などから年貢が貢納されないときには、廷臣を派遣してこれを督することもあった。

禁裏や廷臣の所領・権利に関わる訴訟についても判断が求められることがあったようだが、池享《いけすすむ》氏が指摘するように、「公家社会の解体に自ら拍車をかけている」（『戦国・織豊期の武家と天皇』）ような利己的な判断が下されるなど、本書第六章で見るような信用低下をまねく状態になっていた。

天皇・朝廷と将軍の関係について山田康弘氏は、征夷大将軍《せいいたいしょうぐん》が天皇から任じられる官職である以上、任じる主体たる天皇を歴代の武家政権は保護しつづけた、と論じている。将軍という立場は他の競争者との別格性を主張するための根拠となっていたので、天皇を保護したというのだ。

山田氏も注意しているが、この関係は天皇の復活をもたらしかねない危険があった。しかし戦国時代にはその危険が顕著なかたちで現出することはなかったという。ではそうした枠組みを継承した信長の時代ではどうだったのだろうか。

松下浩氏は、「天下」が天皇を中心とする世界であることから、信長が掲げた天下静謐という理念を「天皇の平和」と言い換えている。これは発掘成果にもとづいて、安土城が行幸を念頭に置いて計画されたとする松下氏の考え方にむすびついている。しかしながらわたしは、天下静謐を「天皇の平和」だけに限定すべきではなく、天皇・朝廷もまた、将軍とおなじく「天下」を構成する一要素として、天下静謐の維持に責任をもつ立場であったと考える。

こう考えた筋道をわかってもらうためには、神田千里氏の提起以前の「天下」に関する研究をふりかえる必要がある。実は神田氏が「天下」の指す意味合いを検討するはるか以前から、このことばは織豊期の研究者によって注目されていた。その代表が朝尾直弘氏と脇田修《わきたおさむ》氏である。

織豊期《しょくほうき》の研究において多大な業績を残している二人は、中世から近世へと移りかわる時代のなかに信長権力をどう位置づけるかという考え方において、真っ向から対立している。朝尾氏は信長に近世のはじまりを見、脇田氏は中世の終わりを見た。ところが「天下」の中味にかぎれば、二人の見解はそれほどかけ離れてはいない。

朝尾氏は、天下を「信長が上洛当時から自己の基盤とし、すでに足利義昭の『上意』『公儀』からも独立した一定の社会的実態」、「いっぽうで京都をも意味していた」とする（『将軍権力の創出』）。後半は神田氏の（1）に、前半はおなじく（2）に通じる。

かたや脇田氏も、「天下」を「当時の用例からすれば、首都である京都にあってのこと」としたうえで、「天下布武」とは「当然、京都に入って政権をとることを意味していた」と述べる（『織田信長　中世最後の覇者』）。これは神田氏の見解にさきがける指摘である。

神田氏による「天下」の理解は、朝尾氏や脇田氏のそれを受け継ぎ、さらに綿密な検討を経たうえで、より大胆に提起しなおされたものであると言えるだろう。

脇田氏は、この「天下」という政治空間について、さらに一歩踏みこんだ重要な指摘をおこなっている。


つまり天皇には政治的かつ祭祀的に、これ（天下静謐―引用者注）に勤める役があり、将軍はそれを補佐する役をおっている。（中略）天下静謐と天下安穏は、天皇家や将軍家をこえて守るべき徳目だったのであり、この論理は逆にとれば、天下のためには将軍もあるいは天皇すら容赦はしないということになる。（前掲書）

「天下」について、ほかの研究者は、信長の政治・軍事行動、あるいは信長と義昭との関係から考えているが、脇田氏は、そこに天皇という要素も持ちこんで考えている。「天下」は天皇すら包みこむ概念であると指摘するのである。このばあいの「天下」は、神田氏の整理でいえば（4）の「広く注目を集め『輿論』を形成する公的な場」に近いだろう。

脇田氏の描く「天下」の秩序は、天皇の政治利用という考え方が前提になっている点において異論はあるものの、その反面で「天下」という政治空間が将軍・信長はおろか天皇まで含みこんでいること、そのなかで天皇にも果たすべき固有の役割があり、天下静謐に対して将軍・信長と同様、責任があるとしたことは、信長と天皇・朝廷の関係を考えようとする本書にとって、受け継ぐべき重要な視点である。こうした「天下」こそ、信長が静謐を維持しようとした政治空間だったのではないだろうか。

信長の天下静謐という政治理念は、基本的に室町将軍が担ってきたものを継承したものである。しかし義昭追放後の信長のばあい、将軍という官職とは無縁であった。この点において天下人信長と室町将軍とは決定的にちがう。

信長は何よりも天下静謐を優先した。天正三年から四年にかけて、絹衣《けんえ》相論《そうろん》や興福寺別当職相論などによってそれを揺るがすような政治判断の乱れが生じたとき、信長は先例にもとづいた朝廷の自律的な判断を求めた。ところが期待したようなかたちに落着しない様子に苛立ち、天皇を叱責した（第六章参照）。これこそ脇田氏が言う「天下のためには将軍もあるいは天皇すら容赦はしない」考えの実践である。

信長の立場を継承したものの、主君とはちがう全国統一の道を歩んだ秀吉のばあいはどうだろう。彼の時代における朝廷のあらそいとして有名なのは、天正一三年（一五八五）に起こった近衛《このえ》家と二条《にじょう》家とのあいだの関白《かんぱく》職をめぐる相論である。このとき天下人秀吉は、みずからが関白になることで相論を結着させた。秀吉のとった行動はたしかにあらそいを一気に解決する、誰も思いつかないあざやかな方法であった。それと比較すると、信長が原則として先例を尊重し朝廷自身による解決をうながしたことの〝保守性〟が浮き彫りになる。

本書で考えること

結論を先取りすることになるが、ここまで述べてきたことと第一章以下で検討する問題を総合したうえで、わたしが考える信長権力の性格について簡単にまとめるとともに、これまでの研究の流れのなかで本書がどのような立場に立つのかを記しておきたい。

永禄一一年に足利義昭に従って上洛したことにより「天下布武」を達成した信長は、義昭のもと、彼が天下静謐を果たすための支援をみずからの役割とし、その後義昭から軍事的な面での天下静謐維持を委任された。

元亀四年七月に将軍義昭を京都から追放し、将軍不在の「天下」におけるあたらしい武家権力者（天下人）となった信長は、将軍が担うべきであった天下静謐を自分自身の責務とした。天下静謐維持を判断基準として行動するという意味で、天下人としての信長の考え方は明快であり、一貫している。

信長が構想していた武家政権としてのあり方は、室町幕府の体制、つまり畿内を中心とした将軍権力と、地域の大名権力が併存してゆるやかな国家をかたちづくるというあり方からそれほど大きくかけ離れたものではなかった。信長が理想としていた統治の枠組みは、天正三年末の時点において彼が近い将来実現するだろうと描いていたようなものだったと考えればよい（第五章参照）。

たとえば領国の支配体制にしても、近年の研究により明らかにされたように、柴田《しばた》勝家《かついえ》や羽柴秀吉ら大身の家臣たちに分権的に領国支配を委ね、そのうえに天下人として信長が君臨するようなあり方であって、さして目新しいものではなく、領国統治のための行政制度や租税徴収制度といった面ではむしろ後進的であったという評価もなされている。天下静謐という高邁《こうまい》な理念と旧来的な領国統治のあり方が混じりあわずに併存しているのが、信長権力の基本的な性格であった。

枠組みとして室町幕府の体制を大きく変えるものではなかったにしても、その中心となる人物が、将軍とは異なる論理でその立場にあった天下人であったという点で、それまで形式的にせよ将軍に従っていた諸大名が違和感を抱き、容易に従おうとしなくなったことは想像できる。最終的には朝倉《あさくら》氏や浅井《あざい》氏、大坂本願寺のようにはっきりとした敵対行動をとる勢力もあらわれる。それぞれに個別的事情もあるにせよ、彼らはあたらしい武家権力者に対する拒否反応を起こして自己防衛本能がはたらき、逆に攻撃的になり信長に敵対することとなったと考えることができるだろう。

天下静謐維持を第一義の目標とした信長は、このような敵対勢力を服属させようとして軍事行動を起こし、彼らを滅ぼしたり服属させたりすることにより、結果として、その領国がみずからの支配領域に組みこまれた。信長が全国統一に邁進し領国を拡大していったかのように見えたのは、実はこの行動の反復による結果論にすぎないのだ。

天下人として天下静謐を維持するためには、これを妨げる諸勢力との対峙《たいじ》だけでなく、天下の重要な構成要素である朝廷の支援もまた役目となる。朝廷が乱れていては天下人としての面目にかかわり、世の中の人びとからの批判をまねきかねない。信長はこの点にも敏感に対応した。

「公家一統の政道」を掲げ、天皇家・公家の経済的基盤の安定化に力を注ぎ、朝廷儀礼の再興にも協力を惜しまなかった。また、受ける正当性さえあれば官位叙任を受け入れ、昇進も拒否しなかった。信長は官職についてさほど詳しい知識をもっていたわけではなかった。家臣にあたえること、第三者の戦国大名・国衆の官職を朝廷に取り次ぐ（執奏《しっそう》する）こと、官職をどれにするか選ぶことなどについても、まったく執着はなかった。この点においても、官位秩序を利用して諸大名の身分統制をおこなった羽柴秀吉とは大きく異なっている。

しかしただ一点、（高い）官位を得た立場の者は朝廷に貢献（馳走）しなければならないというきわめて純粋な考え方をもっていたことには注意すべきだろう。それもまた天下人の条件のひとつと心得ていたのである。

だから、朝廷内部で旧来の秩序を乱すようなもめごと（絹衣相論・興福寺別当職相論）が起きたとき、天下人の責務としてこれに対処し、当事者の決めごとを尊重し、先例を逸脱しないような判断を示した。朝廷の混乱は天下人としての威信に傷をつける。これまた天下静謐を乱すものだと考えるゆえに、天皇もまた天下静謐の一端を担っている立場なのだからと、天皇でさえも容赦なく叱責したのである。

こうした信長の朝廷への対応について、後世の歴史家のうちある立場からは「勤皇家」と受けとめられ、他方からは天皇・朝廷を圧迫してその権力を奪おうとするものとみなされた。実はそのいずれの評価も的を射ていない。信長が朝廷を敬っていたのかどうか、あるいは信長が朝廷を解体しようとしていたのか、そうした問題の立て方によって信長と天皇・朝廷の関係を考えることはあまり意味がない。

天下人として天下静謐を維持することが信長にとっての大義名分であり、そのなかで天皇・朝廷の役割があり、存在意義もある、そう信長は考え、行動していたのである。

いま述べたように、信長と天皇・朝廷との関係という問題については、明治から戦前まで支配的であった勤皇家としての信長論から、戦後一転しての革命家信長による天皇制打倒論まで、信長は天皇とどのように対峙してきたのか、見方の大きな振幅があった。この流れに棹《さお》さすかっこうで、信長による朝廷への圧迫、朝廷の拒否姿勢といった、信長と天皇・朝廷の対立論が提示され、以降もっぱら主流的見解の位置にあった。

近年では、史料の整理と公開が進み、そのうえで史料研究が深化したことにより、これまでには用いられてこなかった多くの関係史料が見いだされるに至った。そうした史料の紹介検討を含め、史料の整合的な解釈から立ち上げた実証的研究のなかから、信長と天皇・朝廷は対立ではなく、むしろ協調的関係にあったという議論が提起され、いまや対立説を一掃せんとする勢いがある。

谷口克広《たにぐちかつひろ》氏は、本能寺の変をめぐる諸学説を整理するなかで、朝廷を変の「黒幕」とみなす説もあることを念頭におき、「『朝廷』というよりも、その代表者である正親町《おおぎまち》天皇と信長との関係についての研究は、織田政権の性格づけにまで関わる大きな問題に発展する」(『検証本能寺の変』)という認識を示している。

本書の主題となる信長と天皇・朝廷との関係という問題は、多様な信長論に埋没する片隅の議論ではなく、信長の政治構想に切りこむうえでの重要な視角になりうることが、脇田氏や谷口氏の指摘からもわかるだろう。

協調説の代表的論者は堀新《ほりしん》氏である。実証的研究にもとづき堀氏が提唱した「公武結合王権」論は、信長の時期にとどまらず、次の秀吉の時期をも含んだいわゆる織豊期における公武関係のあたらしい見取図として注目されている。公武結合王権とは、信長や秀吉の時代において、武家勢力と公家勢力がお互いを排除することなく相手を不可欠の存在と認めてむすびついた王権のあり方であり、その主導権は武家にあるという体制である。

わたし自身、堀氏による協調説に強い示唆を受け、以下の各章に述べるような事象の研究を進めていった結果、この議論が大筋で信長と天皇・朝廷の関係をあらわすのに無理がない枠組みであることを確認している。ただしそのいっぽうで本書では、堀氏による史料の解釈や、公武結合王権論という枠組みにおける信長と天皇・朝廷の関係について、異論を提起することにもなるだろう。

以上述べてきたように、本書は谷口氏の認識を出発点に、堀氏による公武関係をめぐる実証的研究をより深化させ、「天下」ということばについては神田氏の整理にもとづき、その政治空間の構造については脇田氏の見解を大きなよりどころとして、これまでわたし自身が取り組んできた個別研究をとらえ直し、またあらたに対象を広げて考えてみようとするものである。

本書では、これまでの研究では使われてこなかった史料を積極的に用いて叙述するつもりである。このなかには、近年あらたに見いだされた史料もあれば、むかしから誰もが利用できる状態にはあったものの、あまり気づかれず、これまでの研究では使われてこなかった史料もある。本書では便宜的に双方ひっくるめて新出史料と呼んでおく。これらを活用することによって信長と天皇・朝廷の関係をめぐる見方は大きく変わるはずである。本章でここまで述べてきたような信長権力のあらたな把握も、そのなかから生まれてきたものである。

第一章から第八章までの基本的な視座は、「天下布武」後の一五年のあいだ信長が「天下を仰せ付けた」ということの内実を明らかにするため、もっぱら天皇・朝廷との関係から考えることに置く。一五年のなかでも、とりわけ義昭を「天下」から追放した天正元年以降の一〇年間、信長と天皇・朝廷とのあいだに起きたさまざまなできごとを史料にもとづいて検討することにより、信長が一五年にわたり「天下」という政治空間をどのように認識し、治めようとしていたのかを考えたい。

第一章　天正改元
——元亀四（天正元）年

足利義昭画像（東京大学史料編纂所所蔵）

天正改元の政治史的意義

足利義昭が織田信長をともなって上洛した直後からすでにこの二人の関係は波乱含みであったが、元亀三年（一五七二）末に至って亀裂は決定的となり、「公方様内々御謀叛《ごむほん》思し召し立つの由その隠れなく候」（義昭が密かに御謀叛を企んでいたことが明らかになった）（『信長記』巻六）という状況になった。

政務をおろそかにし、信長に対する敵意をあらわにする義昭に、信長は一七箇条の意見書（後述）を提出してこれを諫《いさ》めた。しかしそれにも耳を貸さない義昭に対し、信長は翌元亀四年四月、軍勢を京都に入れて将軍御所のある上京《かみぎょう》の町を焼き払い、威嚇をくわえた。

正親町天皇の仲介もあって義昭は信長との和睦を容れたものの、ほどなく七月にふたたび信長に反旗を翻した。京都の南にある槇島城《まきのしま》（京都府宇治《うじ》市）に移り、挙兵したのである。琵琶湖《びわこ》を渡るための長さ三〇間（約五五メートル）・幅七間（約一三メートル）ほどの大船造営を監督するため湖畔の佐和山《さわやま》に滞在していた信長は、大船が完成した翌日すぐそれに乗りこみ、坂本《さかもと》を経て京都に入った。

七月一六日に信長の兵は槇島城攻めを開始し、一八日にはこれを陥れた。進退に窮した義昭は幼い子息（のち義尋《ぎじん》）を人質に出し、河内《かわち》若江《わかえ》城（大阪府東大阪市）へ送致された。教科書的にいえば、義昭の京都追放、室町幕府の滅亡とされる節目のできごとである。『信長記』によれば信長はその後、山城《やましろ》・大和《やまと》の諸所を焼き払い、二一日に京都に入ったという。

信長から朝廷に改元の申し入れがあったのは、当の二一日である。「のふなか（信長）よりかいけん（改元）事にはか（俄）に申す」（『御《お》湯殿《ゆどの》上《のうえ》日記《のにつき》』）とあるように、朝廷にとっても突然の申し入れだったようである。

その結果、二八日に元亀から天正へと改元がなされ、元亀四年は天正元年とな

永禄 12 年（1569）	
1月14日	信長、殿中掟を定める。
4月	義昭、朝廷に改元を申し入れる。
永禄 13（元亀元）年（1570）	
1月23日	信長、義昭と五箇条の条書を取り交わす。
	信長、畿内近国の諸大名に上洛をうながす。
2月	改元の勘者宣下。
4月23日	永禄を元亀と改元する。
11月	義昭、改元を申し入れる。
元亀 3 年（1572）	
1月	三好義継・松永久秀、信長に反す。
3月28日	改元奉行が定められる。
3月29日	朝廷、義昭・信長に改元あることを伝える。
4月9日	改元の勘者宣下。
4月20日	義昭より改元惣用献上なく改元延期。
11月11日	勘者高辻長雅、勘文を提出。
年末頃	信長、義昭に十七箇条意見書を提出。
元亀 4（天正元）年（1573）	
7月3日	義昭、槇島城に拠り信長に抵抗す。
7月18日	槇島城陥落。義昭河内若江城に送致される。
7月21日	信長、京都に入り、改元を申し入れる。
7月28日	元亀を天正と改元する。
7月29日	朝廷、信長に天正改元を伝える。

第一章関係年表

った。改元については、室町時代後期から秀吉の時代までの改元をめぐる史料を博捜《はくそう》し、その政治史的意義を考察した神田裕理《かんだゆり》氏の研究があって、武家が改元に果たした役割について詳細に論じられている（『戦国・織豊期の朝廷と公家社会』）。本章において以下触れる改元に関する経緯は神田氏の研究に多くを負っている。

神田氏は、天正改元について従来の研究では「織田政権発足のシンボル」「権力の交替を示すもの」とみなされていることを紹介し、さらに一歩踏みこんで、改元とは「京都を中心とする『天下』を制した者の宣言」であり、武家による「国家的領域支配権」の表象であると論じている。また、武家からの改元要請に対する朝廷の対応は、武家の実質的支配に正当性を賦与するものであるとも指摘する。

たしかに、四〇〇年後の歴史家の立場から史料を解釈して考察した結果、天正改元を「織田政権発足のシンボル」と客観的に評価するに至ったこと自体、まちがった見方ではないと思う。信長が本能寺で斃れたあと、菩提を弔うため秀吉が営もうとした寺院が最初「天正寺」と名付けられていたように、信長と「天正」の年号は切り離しがたくむすびついている。

しかしながら、「京都を中心とする『天下』を制した者の宣言」という主張はまだしも、「正当性の賦与」のように、この時期の改元に朝廷の役割の大きさを認めることにはためらいがある。

天正改元を「織田政権発足のシンボル」だとみなす前に、上洛直後、息つく暇なく改元を申し入れた信長の真意はどこにあったのか、なぜそこまで急いで改元をする必要があったのか、信長の考えを史料に探るこころみがなされてもよいのではないだろうか。というのも、信長が義昭に示した一七箇条意見書の内容と改元の慌ただしさをむすびつけて考えると、信長は義昭がその実行を放置していたことにとにかく我慢がならなかったと思われるからだ。

永禄から元亀への改元

まず天正のひとつ前、元亀の年号に改元されたときの経緯を確認しておこう。

義昭は永禄一一年（一五六八）九月の上洛直後から改元実施を朝廷に申し入れていた。改元の契機としては、将軍代替わりということになるだろう。しかしこのときは朝廷がすぐに対応しきれず、改元はなされなかった。翌一二年四月にふたたび改元の申し入れがなされ、今回は七月に延期されはしたが、奉行なども定まり具体的な準備が進むかに見えた。ところがこのときもなぜかそれ以上進捗せず、翌年に持ち越されることになる。

翌年二月、ようやく勘者宣下《かんじゃせんげ》（年号候補を勘進する学者の選任）がなされ、四月二三日、永禄一三年は元亀元年となった。

有り体に言えば、元亀改元が実現したのは室町幕府（義昭）による用途提供がなされたからである。「御訪《おとぶらい》」と呼ばれる改元儀礼に携わる下級官人たちへの報酬支出をおもに賄《まかな》うため、五〇貫文の用途が朝廷にもたらされたのだ。いろいろな計算方法があるが、大雑把に銭一貫文を現代の貨幣価値で約一〇万円と見積もれば、五〇〇万円ほどになる。

儀式を実際に担い、給付を受ける立場にあった外記《げき》中原康雄《なかはらやすお》の記録によれば、通例の改元費用は三〇貫文ほどなのだが、このときは改元を決定する仗議《じょうぎ》（公卿《くぎょう》会議）に出る公卿たちが装束を用意するための助成分が上乗せされたのだという（『中原康雄記』）。

ちなみに中原康雄のような朝廷儀礼を実質的に支える下級官人たちには、改元のときいつも二〇〇疋《ひき》（二貫文＝約二〇万円）が給付されたとある。改元のような伝統的な朝廷儀礼のばあい、参仕する公卿たちにとって、儀礼に必要な装束を準備するための負担は大きく、ほかの公家から装束を借用して間に合わせたり、準備が十分にととのわず、儀礼にあえて欠席する者もあった。

逆に儀式に欠かせない下級官人たちにとって、こうした機会は収入を得るための大切な場であったから、彼らは御訪の給付に強くこだわった。結局のところ元亀改元は、義昭からの経済支援により、具体的に動き出したのである。

元亀改元の動き

ところが元亀になってまだ半年ほどしか経っていない一一月には、早くもまた義昭から改元の申し入れがあったようなのである（『御湯殿上日記』）。なぜ申し入れがなされたのか、理由はよくわからない。このときはこれ以上手続きが進んでいない。

翌々年元亀三年にふたたび改元の話が持ちあがった。今度はかなり具体化されていたので、宮中の女官の日記である『御湯殿上日記』を中心に、改元の動きについて見ていきたい。

改元の伝奏《てんそう》と奉行（公家の実務責任者）が定められたのは三月二八日のこと。伝奏には権中納言勧修寺晴右《かじゅうじはれみぎ》が、奉行には頭中将《とうのちゅうじょう》庭田重通《にわたしげみち》が任じられた。翌二九日には、義昭・信長の両人に対し使者が遣わされて改元が伝えられ、二人はこれを受諾した。そのあと史料には「かいかうにおほせつけらるゝよし」とあって、義昭から、京都の治安行政を担当する幕府侍所の実務責任者である開闔《かいこう》に何らかの命令が下される手はずとなった。用途調達に関連したことである可能性が高い。ただし公家の面々は都合が悪いと申し立ててきたというから、経済的事情により改元儀礼への参仕を渋る者が多かったようである。

それでも四月九日には勘者宣下がなされた。このとき勘者にえらばれたのは、文章博士《もんじょうはかせ》東坊城盛長《ひがしぼうじょうもりなが》と式部大輔高辻長雅《たかつじながまさ》の二人（『中原康雄記』）。二人とも漢籍詩文の学問である紀《き》伝道《でんどう》を代々受け継ぐ家の当主である。

しかしながら、二〇日になって「そうよう（惣用）の事ふけへ申され候へとも、いまたとゝのおり候はて」、つまり義昭からの用途献上がなされなかったため、改元はいったん延期になってしまう。

その後しばらく改元のことは史料に見えなくなるが、約半年後の一〇月六日、改元の上《しょう》卿《けい》（公卿の責任者）を権大納言菊亭晴季《きくていはるすえ》が受諾したとあるので、ようやくまた動き出したようである。『勧修寺家文書』のなかに勘者高辻長雅による年号勘文（候補とその典拠を上申した文書）の写しが伝わっており、それは元亀三年一一月一一日付となっている。長雅が候補にあげたのは貞正・安永・延禄・天正・文禄の五つ。選ばれることになる天正は、『文《もん》選《ぜん》』と『老子《ろうし》』が典拠にあげられている。

通常であれば、勘文が提出されたらあまり日をおかず改元が執りおこなわれる。永禄から元亀への改元では勘文提出の一〇日後に実行されている。ところがまたしてもここで動きが止まってしまう。本章冒頭で触れたように、勘文が提出された時期、義昭と信長とのあいだの対立が深刻化していた。改元どころではないという状況だったのかもしれない。

そのなか信長から義昭に対し、一七箇条の意見書が突きつけられる。ここに義昭の改元に対する怠慢を咎《とが》める一条がある。そこで一七箇条意見書について見てゆくことにしよう。

一七箇条意見書と改元

この意見書は『信長記』巻六（元亀四年＝天正元年）の冒頭に収められているが、意見書自体に日付はない。ただし去年出されたとあるので、前年元亀三年中に作成され、義昭に示されたことは間違いない。写しが収められている『年代記抄節《ねんだいきしょうせつ》』には九月、『当代記《とうだいき》』には「去年の冬」、『綿考輯録《めんこうしゅうろく》』（細川家の家譜）には一二月とあるが、すべて後年の編纂物であるため、出された時期は確定できない。

また、奈良興福寺の大乗院門跡《だいじょういんもんぜき》尋憲《じんけん》の日記の元亀四年二月二二日条に、春日社《かすがしゃ》の神主新《あたらし》祐岩《すけいわ》から意見書がもたらされたとあり、全文が日記に写されている（『尋憲記』）。イエズス会の宣教師ルイス・フロイスもまた、同宣教師フランシスコ・カブラルに宛てた同年四月二〇日（日本の暦では三月一九日）付書簡のなかで、「美濃から公方様のもとに十五ヵ条を送り」と書いているから（『十六・七世紀イエズス会日本報告集』）、元亀四年に入ってからだろうか、意見書は意図的に流布させせられたとみえる。

意見書には義昭のさまざまな怠慢・失政が具体的に咎め立てされている。かいつまんでまとめると、忠節に励んでいる者に所領を給付しなかったり、ひどいときには追放したり、逆にそれほどでもない側近に所領を給付するといった恩賞・人事の偏頗《へんぱ》や、他人の財物を没収したり、他国から進上された金銀を隠匿したり、御所の備蓄米を勝手に金銀に換えるなどといった将軍の立場にあるまじき理財行為がきびしく糾弾されている。総じて、最後の箇条にあるように、「諸事に付て御欲かましき儀、理非も外聞にも立ち入られざる由」と、信長は義昭の立場をわきまえない独善的な強欲さを許しがたく受けとめたのである。

このなかで改元に関して触れているのが第一〇条である。読み下しと現代語訳は次のとおりである。

元亀の年号不吉に候あいだ、改元然るべきの由天下の沙汰に付て申し上げ候。禁中にも御催しの由候ところ、聊《いささ》かの雑用《ぞうよう》仰せ付けられず、今に遅々《ちち》候。これは天下の御為《おんため》に候ところ、御油断然るべからず存じ候こと。（元亀の年号が不吉であり、改元するのがよろしかろうと天下において議論になっていたので、そう進言しました。禁裏でもそれを実行されようとしたところ、少しも用途を出されないため、今に遅れております。これは天下の為なのですから、怠ってはいけません）

元亀の年号が不吉であるとした「天下の沙汰」では、実際何をもって不吉だと考えられていたのかはわからない。いわゆる「元亀争乱」と呼ばれるような、信長と朝倉義景《あさくらよしかげ》・浅《あざ》井長政《いながまさ》・比叡山延暦寺・大坂本願寺・三好《みよし》三人衆・長嶋一向一揆《ながしまいっこういっき》らとの対立による絶え間のない戦乱状況を言うのだろうか、それとも天変地異のようなもっと大きな災いを言うのだろうか。

ともかく信長は、そうした「天下」（京都を中心とした地域）の人びとに抱懐され、沸きあがってきていた不安を酌み取り、改元を進言したわけである。朝廷もそれを進めようとしていたが、義昭からの用途献上がなされないため、止まったままだというのである。先に改元を申し入れたのが信長であるとはほかの史料には見えないけれども、それ以降のなりゆきは前に見てきたことと一致する。

それゆえ義昭を槇島から逐《お》い、京都に入った直後、信長は止まったままの改元を進めようとしたのではないだろうか。「天下」を差配すべき義昭が不在となり、信長が彼に代わる立場に立った以上、義昭への提言はすべてみずからがおこなうべきこととなる。かねて意見していたことについて、自分がその立場になったときに即実行に移す。信長の有言実行ぶり、自分の言葉に誠実な姿が強烈な印象として刻まれる。

もともと元亀改元の儀は義昭の時期からはじまっていた。だが、義昭がその費用をあたえなかったために中断されていた。信長はみずからが「天下」の主宰者（天下人）となったときそれを完了まで運んだにすぎないのだから、「『天下』を制した者の宣言」とか「（朝廷による）正当性の賦与」などのように、この行為にあまり大きな政治的意義を持たせるべきではないと考えるのである。

意見書に見る信長の考え方

一七箇条意見書の第一〇条にある改元の進言と、義昭追放後即座の改元実行という経緯から、信長という人物の自身の発言に対する責任感の強さ（および迅速な行動力）が浮かび上がってきた。そうなると、ほかの箇条でも同様のことが言えるのではないかと考えるのは自然だろう。朝廷との関係ということであれば、意見書冒頭の第一条は次のように書かれている。

御参内の儀、光源院殿御無沙汰に付て、果たして御冥加《みょうが》無き次第、事旧《ことふ》り候。これに依って当御代の儀、年々懈怠《けたい》なき様にと、御入洛の刻より申し上ぐるのところ、はや思し食し忘れられ、近年御退転もったいなく存じ候事。（御参内について、足利義輝公はなおざりにしていたため、果たして運命が味方しなかったことはご存知のとおりです。このため年々怠りなきようにと入洛した時から申し上げていたのですが、早くもお忘れになり、近年なされていないのは残念な事です）

冒頭の「御参内の儀」は、大乗院尋憲が写した本文では「御内裏の儀」とある。参内のような具体的な行為を念頭においていたのではなく、もっと広く「朝廷のこと」といったような意味なのかもしれない。そうであれば第一条の主題は、朝廷に対して怠りなく勤めるようにという信長の忠告だとも理解することができる。将軍である以上、これまで代々の室町将軍が朝廷にとってきた態度（将軍による朝廷の保護）をそのまま継承すべきということなのだろう。この忠告は、義昭追放後みずからが担うべき課題へと転化する。

「殿中掟」と五箇条の条書

一七箇条意見書以前にも、義昭と信長とのあいだに交わされた同種の文書があり、前述の意見書とともに注目されてきた。これらにも同様に信長の基本的な考え方が反映されていると見るべきである。

同種の文書というのは、二人の上洛からわずか数ヵ月後に出された永禄一二年正月一四日付の「殿中《でんちゅう》掟《おきて》」九箇条・同追加七箇条（『仁和寺文書』など）、および翌一三年正月二三日付の五箇条の条書（『成簣堂文庫所蔵文書』）である。

前者の「殿中掟」は、信長から発給された箇条書の判物（花押《かおう》を据えた文書）の袖（文書の右端）に、義昭が花押を書き入れた形式のものである。信長が定めた内容を義昭が承認したという意味だろう。「殿中掟」の名称が示すとおり、追加も含めた一六箇条には、再興されたばかりの室町幕府における訴訟処理の基本的な方針や、御所に祗候《しこう》する人間の身分などが定められている。

いっぽう後者の五箇条条書は信長の「天下」統治にとって重要な節目となる文書として著名であり、それだけにさまざまな解釈がなされている。信長が朝山日乗《あさやまにちじょう》・明智光秀両人に宛てた朱印状の形式をとるが、ここでも文書の袖に義昭の黒印（印肉に墨を用いた印章）が捺されることによってそれが承認されたものとみなされている。宛所の日乗は朝廷・幕府・信長三者を仲介する僧侶であり、光秀はまだこの時点で義昭・信長の双方に仕えているような立場にあった。したがって義昭・信長両者をとりむすぶ立場として彼らに文書が宛てられたのだろう。本書の主題にもかかわる重要な文書なので、以下全文を示す。

黒印（義昭）

条々

一、諸国へ御内書《ごないしょ》をもって仰せ出だささるる子細これあらば、信長に仰せ聞かせ、書状を添《そ》え申すべき事。（義昭が諸国へ御内書を出すことがあれば、信長に通達し、信長の書状を添えること）

一、御下知の儀、皆もって御棄破あり。そのうえ御思案をなされ、相定めらるべき事。（ここまでの義昭の御下知は全て破棄する。その上で考えて決めること）

一、公儀に対し奉り、忠節の輩に恩賞・御褒美を加えられたく候といえども、領中等これ無きにおいては、信長分領の内をもっても、上意次第に申し付くべき事。（幕府に対して忠節を尽くした人間に恩賞をあたえたくともその所領がないということであれば、信長の分領中であってもいいから義昭の判断次第であたえてよい）

一、天下の儀、何様にも信長に任せ置かるるのうえは、誰々によらず、上意に及ばず、分別次第成敗たるべきの事。（「天下の儀」はとにかく信長に任せ置かれたのであるから、誰であっても、義昭の判断以前に、信長の分別次第で成敗をおこなう）

一、天下御静謐の条、禁中の儀、毎事御油断あるべからざるの事。（天下が静謐であるからには、朝廷の事については毎事怠りなく対処してほしい）

已上

永禄十参
正月廿三日　（朱印）
日乗上人
明智十兵衛尉殿

右の条書は、全体として信長が将軍義昭の権限に制約をくわえたものと理解されている。第一条や第二条を見ると、それはまずまちがいない。もちろん名目的には将軍である義昭が上の立場にあるわけだが、信長の支えがなければその立場の維持はむずかしいので、信長はその関係をふまえて強く義昭に将軍としての円滑な職務遂行（信長との関係維持）を求めたのだろう。

ただその後の経過を見ると、前述の一七箇条意見書（条書取り交わしの約三年後）において、信長はこの条書の第一条や第三条の記載内容が遵守《じゅんしゅ》されていないことに不満を述べ立てているから、黒印を捺して承諾の姿勢をとったとはいえ、実際のところ義昭はなかなか信長の要求を呑まなかったことがわかる。

信長への「天下の儀」委任

問題はこの条書の第四条と第五条である。第五条から触れれば、これは先に引用した一七箇条意見書の第一条に先駆ける意見である。「禁中の儀、毎事御油断あるべからず」という文言が、義昭追放後の信長自身の課題となることも、しつこいようだがもう一度述べておきたい。

脇田修氏はこの第五条について、「信長は将軍との関係において、天皇の権威を利用することで、優位にたとうとした」と論じている。序章でも述べたように、天皇権威の利用という評価こそしたがえないが、ここからみちびき出される「禁中を重視するのは天下の安泰のためであるということで、個々の権力——天皇・将軍を含めて——を超えた『天下』を目ざしている」（『近世封建制成立史論』）という、「天下」における天皇相対化の視点は重要である。

いっぽうの第四条が、義昭による信長の「天下」委任を示す内容として議論になっている。

たとえば、「『天下之儀』を掌中に収めることに成功した」（三鬼清一郎《みきせいいちろう》氏）、「『天下』支配の権威源泉は公方義昭から委任された」（永原慶二《ながはらけいじ》氏）、「天下のことはともかく信長に任せたのだから、誰であっても将軍の意思をうかがう必要はない。信長の思惑通りに行うこと」（谷口克広氏）、「天下支配の実権を義昭が信長に委任した」（桐野《きりの》作人《さくじん》氏）、といった見解がある。ここにあげた論者が用いた「天下の儀」の語感が、将軍の政治権力全般のように受けとめられてしまうのは、わたしの曲解だろうか。

「天下」を京都を中心とした五畿内とし、「将軍が体現すべき秩序」とした神田千里氏による定義をふまえると、わたしは、第四条は限定して考えるべきだと思う。信長は「天下」を維持する役割を義昭から任せ置かれたのであり、それに反する行動をとる者は将軍の判断以前に信長の判断で成敗できる、という軍事・外交的な面の委任を述べたものではないだろうか。

立花京子《たちばなきょうこ》氏は、このときの委任内容を「天下静謐執行権」と定義している。信長に委任されたのが天下静謐の維持であると考える点ではわたしも立花氏の考え方に同意する。たしかに、信長が義昭との相克のなかで、みずからの責務がもともと将軍が担うべき天下静謐にあることを認識していったことは重要である。ただ、これを「天皇の静謐」の維持(=朝敵討伐)としたり、権限のような実体とみなして、それが将軍固有の権限として以前から備わっていたと論じていることには疑問がある。天下静謐はあくまで政治理念・政治目標にすぎない。

堀新氏は、この五箇条条書があくまで義昭・信長の二者間における内密の取り決めであったと指摘している。一七箇条意見書とちがい、おおやけにされるような性質の文書ではなかったわけである。

堀氏はそのうえで「信長・義昭連合政権は、表面的には連合政権的様相を残しつつ、内実は密かに信長単独政権へと移行していった」とするが（『織豊期王権論』）、逆に信長があくまで表面上は義昭を「天下」の主宰者と認めていたことに注目したい。この条書に義昭の政治権力全般を奪おうとするような信長の強い主導性をうかがうことには慎重でありたい。この時点では、いまだ信長は将軍を支える一大名という戦国期室町幕府の政治的枠組みから逸脱しようとはしていないのである。

信長による「天下の儀」執行

わたしが五箇条条書の第四条を軍事・外交的な面に限定して考えたのも、「誰々によらず」「分別次第成敗たるべき」という文言にそうした含意を感じとったからである。実際このとき信長に委任された「天下の儀」は、いかにして執行されていったのだろうか。

五箇条条書とおなじ日付（永禄一三年正月二三日）と推定されているが、信長は諸大名に対して上洛をうながす文書を出したとされる。「禁中御修理や幕府の御用、そのほか天下いよいよ静謐のため、来る中旬には参洛すべきである。おのおの上洛し、将軍にご挨拶を申し上げ、働きを示すことが大事である。これを先延ばしにしてはならない」という内容である。
右の文書を引いた『二条宴乗日記《にじょうえんじょうにっき》』（興福寺一乗院門跡に仕える僧侶の日記）には、宛てられた大名の名前も記されている。それらは表1のとおりである。畿内を中心に、その周辺の伊勢・飛驒《ひだ》・播磨《はりま》・丹波《たんば》・丹後《たんご》・若狭《わかさ》・近江《おうみ》・紀伊《きい》・越中《えっちゅう》・能登《のと》・因幡《いなば》・備前《びぜん》などの衆におよんでいる。禁裏・幕府を含みこむ「天下」の静謐のため、信長がその維持を委任された立場として呼びかけうる範囲が、これらの地域だった。

後世の軍記ではあるが、『朝倉記』によれば、このとき越前《えちぜん》の朝倉義景に対しても上洛命令が出されたという。しかしながら義景はこれを無視した。信長はこの年四月に義景を攻めるため越前へ出兵しているが、それはこのときの義景の対応が原因だったとある。

条書第四条にて「誰々によらず」「分別次第の成敗」を認められたのと同時期に出された上洛命令は、信長が「天下」とその周辺の諸大名に試したリトマス試験紙だったのかもしれない。それにしたがわない大名は、天下静謐に非協力的であるとして、第四条にもとづき軍事的制裁の対象となった。義景はその第一の標的とされたのである。

義景の事例は『朝倉記』によるものだからそのまま鵜呑《うの》みにすることはできない。同様の事例として、脇田氏があげた元亀三年における三好義継《みよしよしつぐ》・松永久秀《まつながひさひで》のばあいを見てみよう。

同年正月頃、義継・久秀は信長に反旗を翻し、河内を拠点に抵抗の兵を挙げた。これに対して信長は、義昭の側近飯河信堅《いいかわのぶかた》・曾我《そが》助乗《すけのり》に宛て、次のような書状を出している。

『二条宴乗日記』中の表記	大名名	国
北畠大納言殿〈同北伊勢諸侍中〉	北畠具教	伊勢
徳川三河守殿〈同三河・遠江諸侍中〉	徳川家康	三河・遠江
姉少路中納言殿〈同飛驒国衆〉	三木良頼	飛驒
山名殿父子〈同□国衆〉	山名韶熙・氏政	但馬
畠山殿〈同□衆〉	畠山昭高	河内
遊佐河内守	遊佐信教	河内
三好左京大夫殿	三好義継	河内
松永山城守〈同和州諸侍衆〉	松永久秀	大和
同（松永）右衛門佐	松永久通	大和
松浦孫五郎〈同〉	不明	和泉
和泉国衆		和泉
別□□□〈同播磨国衆〉	別所長治	播磨
同（別所）孫左衛門〈□国□衆〉	別所重棟か	播磨
丹波国悉		丹波
一色左京大夫殿〈同丹後国衆〉	一色義道	丹後
武田孫犬丸〈同若狭国衆〉	武田元明	若狭
京極殿〈同浅井備前〉	京極高吉・浅井長政	近江
同□（尼カ）子	不明	
同七佐々木	不明	
同木村源五父子	木村高重・高次	近江
同□（江カ）州南諸侍衆		近江
紀伊国衆		紀伊
越中神保名代	神保長職か	越中
能州名代		能登
甲州名代		甲斐
淡州名代		淡路
因州武田名代		因幡
備前衆名代		備前
池田	池田勝正か	摂津
伊丹	伊丹忠親	摂津
塩河	塩川長満	摂津
有右馬	有馬則頼か	摂津

表1　永禄13年に信長が参洛を呼びかけた大名
※名前は谷口克広『織田信長家臣人名辞典　第2版』（吉川弘文館）により、橋本政宣『近世公家社会の研究』（吉川弘文館）239頁も参考にした。

中嶋・高屋表調儀《ちょうぎ》の子細候あいだ、行《てだて》のため柴田修理亮差し上せ候。御出勢の儀仰せ出され、おのおの油断なく相働かるべき事簡要に候。天下の為に候あいだ、おのおの軽々と出陣然るべく存じ候。これらの旨上聞に達せらるべく候。（河内中嶋・高屋方面を攻撃することになったので、指揮官として当方から柴田勝家を派遣します。将軍からも出陣命令をお出しいただき、油断なく攻撃をおこなうことが肝要です。これは天下のためでありますので、躊躇なく出陣すべきです。以上を将軍にお伝えください）

（『前田家所蔵文書』）

信長は義継・久秀を「成敗」するため、重臣柴田勝家を将とする軍勢を派遣した。そのうえで義昭からも軍勢派遣の命を出すようにとの要請がなされる。そしてこれは「天下の為」だとある。ここからわかるのは、天下静謐を維持するための軍勢派遣の主導権はあくまで信長にあり、軍勢も信長軍が中心で、信長の指示のもと、義昭からも何らかの命令が発動される（現実に発動されるかどうかは別として）という流れである。

攻撃は信長主導であって柴田勝家の軍勢だけでも事足りるのかもしれないが、あくまで「天下の為」ゆえに将軍から出陣命令を出すことが大事であるというのが、信長の考え方であった。こうした一連の軍事行動こそ、条書第四条で取り交わされた「天下の儀」委任の実態ではないだろうか。

天下人信長の誕生

天正改元の問題から、信長の天下静謐のための役割認識・考え方へと話が広がった。これは、天正へと改元をうながしたことが、義昭追放後天下人の立場となった信長が最初に着手した行動であるとともに、かつてみずからが義昭に諫言《かんげん》した内容を誠実に履行したことを示す重要なできごとだからである。

先に改元に政治的意味を持たせることには慎重であるべきだと述べたが、このばあい改元行為自体というよりは、義昭追放後すぐに前々から意見してきたことを即実行したという点において重要なのである。

これによって、永禄一三年の条書や元亀三年の一七箇条意見書の内容が信長自身の課題へと転化したことも確認することができる。おもに天皇・朝廷との関係を考える本書にとって、このなかに「禁中の儀、毎事御油断あるべからず」という文言があることは注目される。信長の朝廷に対する考え方の基本はこの点にあるからだ。

いっぽうで朝廷は、天正改元を最終的に担った信長を、不在の将軍にかわって天下静謐を維持する主体（天下人）とみなした。改元の翌日七月二九日の日付で、次のような綸旨《りんじ》（蔵人《くろうど》が奉じる天皇の命令文書）が出される。

改元執行せられ、年号天正と相定まり候。珍重に候。いよいよ天下静謐安穏の基《もとい》、この時にしくべからざるの条、満足に察し思し食さるるの旨、天気候《そうろう》ところなり。よって執達くだんのごとし。

七月廿九日　　左中将親綱《ちかつな》

織田弾正忠殿

（『東山御文庫所蔵史料』勅封三八函－六九）

改元の報告がこのようなかたちでなされるのは異例であり、これまで依存してきた室町将軍を失った天皇・朝廷が、いかに信長に大きな期待を寄せていたかがわかる。

そのあとも信長は義昭の帰洛交渉をおこなうなど（『吉川家文書』）、室町幕府の体制を完全に葬り去ろうとしていたわけではなさそうだが、「将軍が天下を棄て置かれたうえは、信長が上洛してこれを取り静めました」（『大田荘之進氏所蔵文書』）という現状認識のもと、天正元年以降、天下静謐に努めることになる。

第二章　正親町天皇の譲位問題
——天正元年～二年

右：正親町天皇尊影　左：陽光院（誠仁親王）尊影（典拠：朝日新聞社『皇室の御寺　泉涌寺展』図録）

正親町天皇譲位をめぐって

足利義昭が追放された天正元年（一五七三）の年末、突如として正親町天皇の嫡子誠仁《さねひと》親王への譲位が史料の表面に浮かびあがってくる。これは織田信長が朝廷に申し入れたもので、天皇も提案を歓迎し、その実行に期待を寄せたものの、時機があわずに翌春の信長上洛時へと持ち越された。

信長からの譲位申し入れがあったにもかかわらず流れてしまい、結果的に信長存命中に実現しなかったこともあり（実現したのは秀吉が関白になったあとの天正一四年）、譲位をめぐり裏で信長と天皇とのあいだにかけひきが繰り広げられていたとする見方が長く支配的であった。

信長は早く天皇を譲位させ誠仁親王を即位させたかったのだが、天皇がこれを拒否したというのが、そのかけひきの中味である。天正九年にもふたたび譲位の話が浮上しながら取りやめになったこととあわせ（第七章参照）、譲位（とその延期）に信長と天皇の対立の大きな山を見ようとする研究者が多かった。

しかしながら橋本政宣《はしもとまさのぶ》氏や最近の堀新氏らの研究により、この問題に両者の対立を見る考え方はしりぞけられつつある。信長は朝廷のあり方を旧来に復するために長くおこなわれてこなかった譲位を提案し、天皇・朝廷側も院政復活を望んでこれを歓迎するという、両者の思惑の一致が見られ、そこに対立はまったく存在しなかったのである。

元亀4（天正元）年（1573）	
7月27日	浅井氏の近江木戸・田中城攻めのため京都を出発する。
7月28日	朝廷、元亀を天正と改元する。
8月20日	信長の軍勢、越前一乗谷を陥れる。朝倉義景自刃。
8月27日	浅井氏の近江小谷城攻めを始める。
9月7日	毛利輝元・小早川隆景に書状を送り、朝倉・浅井攻めを報じる。
9月8日	策彦周良に下旬上洛の予定を知らせる。
9月	北伊勢一向一揆攻めのため出陣する。
10月26日	岐阜に帰る。
11月5日	羽柴秀吉、堺において義昭と帰洛の交渉をおこなう。
11月10日	上洛する。
11月16日	佐久間信盛を河内に派遣し、河内若江城に三好義継を攻める。
11月23日	妙覚寺において茶会を催す（24日も）。
12月3日	誠仁親王御所において「密々」の談合あり。
12月8日	関白二条晴良、譲位に関する勅書を信長に届ける。
12月16日	岐阜に帰る。
天正2年（1574）	
1月	越前守護代桂田長俊、同国国衆富田長繁に攻められ切腹。
2月	富田長繁、一向一揆に討たれ、越前は一向一揆が支配。
	武田勝頼の軍勢、美濃明智城を攻撃。
2月5日	信忠とともに明智城救援のため出陣する。
2月24日	明智城陥落のため、岐阜に帰る。
3月17日	上洛する。
3月27日	奈良下向。
3月28日	蘭奢待を切り取る。
4月1日	京都に戻る。
4月2日	本願寺顕如挙兵。三好康長、呼応して河内高屋城に籠もる。
5月16日	遠江高天神城危急の報を受け、京都を発する。
6月14日	高天神城救援のため出陣。
6月21日	高天神城が武田方に降ったため岐阜に帰る。
7月13日	長嶋一向一揆攻めのため出陣。
9月29日	長嶋一向一揆を討ち岐阜に帰る。
閏11月	徳川家康領三河吉良に鷹狩に行こうとする。

第二章関係年表（主語のない記事は信長の行動）

中世における朝廷政治は、譲位した上皇（もしくは法皇）が「治天《ちてん》の君《きみ》」として政務をおこなう院政が基本であった。しかしながら、後述するように戦国時代は三代一〇〇年以上にわたり譲位がおこなわれていなかったため、天皇は譲位提案を歓迎したのである。

ただ、自分から申し入れた譲位を、天皇側が歓迎の意を示した直後翌春に持ち越すと信長が回答し、それも結局実現しなかったという不可解な経緯があるため、その理由について納得できる説明がなされないかぎり、譲位不実行の裏側に信長と天皇との対立を想定しようとする考え方は払拭されないのではないだろうか。

わたしは譲位の裏側に対立はなく、天皇側も歓迎していたとする説に賛成する。またそれが天正二年春の信長上洛時に持ち越され、結局、同年にはなんら話が進展せずにそのまま沙汰止みになったことには現実的な理由があると考えている。

大きな理由は、天正二年においてもなお「天下」が静謐にならず、信長がたびたびの出陣を余儀なくされていたことである。また、仮に話が進んだとしても、この時点の信長には譲位・即位に要する費用を負担しきるだけの経済的余裕がじゅうぶんになく、簡単には実現しなかったのではないかと推測される。

本章では、天正改元直後からの信長の動きを追いかけ、譲位提案とその延期、翌年になって譲位実行困難に立ち至った様子をくわしく見てゆくことにしたい。

改元直後の信長の軍事行動

足利義昭追放の直後、信長はそれまで滞っていた改元を推進し、年号が天正となった。天下人としての最初の仕事である。また「天下所司代」、京都を所管する代官として村井《むらい》貞勝《さだかつ》を任じた。

改元は元亀四年七月二八日になされたが、信長自身はその前日二七日、早くも京都を出発し、例の大船を駆使して近江高嶋《たかしま》郡（滋賀県高島市）へと向かった。信長に敵対する浅井長政の属城木戸・田中両城を攻めるためである。ふたつの城の城主たちは降参を申し出、城は明智光秀にあたえられた。

その後いったん岐阜に戻っていたようだが、長政家臣阿《あ》閉貞征《つじさだゆき》に対する調略が成功して寝返ったことを受け、嫡子信忠《のぶただ》とともにすぐさま長政の居城小谷《おだに》城攻撃のため近江へ出陣した。朝倉義景も長政支援のため二万の兵を同国に展開した（『信長記』巻六）。

その後の義景とのいくさで勝利を収めた信長は、越前へ敗走する義景軍を追撃しながらまたたく間に義景の本領越前に侵入し、八月二〇日には本拠一乗谷《いちじょうだに》になだれ込んで火を放った（『本願寺文書』）。義景は大野《おおの》郡まで逃れるものの、この日自刃して果てた。返す刀で二七日には小谷城攻めに取りかかり、ほどなくこれを陥落させている。長政と彼の父久政《ひさまさ》も自刃した。

九月七日付で毛利輝元《もうりてるもと》・小早川隆景《こばやかわたかかげ》に宛てた書状のなかで信長は、「近年では浅井長政の所行によって、甲斐武田氏・越前朝倉氏の類《たぐい》とも敵対関係になりました。将軍義昭の策謀もこれが原因になっています」と、浅井長政の敵対をきっかけに、武田・朝倉もこれに味方し、最終的に義昭の挙兵につながったのだと述べている（『乃美文書正写』）。

天下静謐に対する責任をもつ将軍義昭自身の挙兵は、この維持を将軍から委任されたと自認する信長にとって許しがたい行動であった。結果的に義昭は京都から追放されたが、その原因をつくった浅井・朝倉を討つことは、天下静謐を維持するために必要な軍事行動だという考え方だったにちがいない。

信長の再上洛

九月八日付で禅僧策彦周良《さくげんしゅうりょう》に宛てた書状のなかで、信長は下旬にふたたび上洛する予定であることを知らせている（『妙智院文書』）。しかしこれは実現しなかった。九月から一〇月にかけ、北伊勢の一向一揆を攻めるためみずから出陣したからだ。『信長記』によれば一〇月二六日に岐阜へ帰り、前権大納言中山孝親《なかやまたかちか》の日記（『孝親公記《たかちかこうき》』）によれば再上洛を果たしたのは一一月一〇日のことである。

上洛に先立ち信長は、浅井長政の旧領をあたえられて間もない家臣羽柴秀吉を派遣し、一一月五日、秀吉は堺において義昭と対面して帰洛のための交渉をおこなったようである（『年代記抄節』）。このとき義昭が信長方からの人質提出を強く要求したために秀吉はこれを拒絶、交渉は決裂した（『吉川家文書』）。このように信長はなお義昭の帰洛を模索していた。

一〇日に上洛した信長は妙覚寺《みょうかくじ》を宿所とした。上洛直後何をしていたのか、いまひとつ明らかではない。上洛の祝儀として天皇から薫物《たきもの》や花嚢《はなぶくろ》（花形に作られた香袋）を下されたり、逆に鶉《うずら》や蜜柑《みかん》・雁《かり》・鯉を献上するなど（『御湯殿上日記』）、物のやりとりがなされているほか、二三日・二四日両日には宿所の妙覚寺において茶会を催し、堺の商人津田宗及《つだそうぎゅう》や今《いま》井宗久《いそうきゅう》らをまねいて、千宗易《せんのそうえき》（利休《りきゅう》）らの点前《てまえ》で茶を喫している。

茶席では、本願寺法主顕如《けんにょ》より贈られた白天目《しろてんもく》茶碗が出され、また越前より到来した南宋の画家牧谿《もっけい》の作「帆帰の絵」やおなじく玉礀《ぎょくかん》の作「月の絵」の大軸が掛けられたという（『宗及他会記』『信長茶会記』『今井宗久茶湯書抜』）。これらは越前攻めの戦利品なのかもしれない。「帆帰の絵」は現在京都国立博物館が所蔵する国指定重要文化財『遠浦帰帆図《えんぽきはんず》』と推定されており、もともと足利義満《あしかがよしみつ》の所持品であった。また堺へ帰る宗及に対して、朝倉氏を討ったあと守護代として越前に置いた前波吉継《まえばよしつぐ》（のち改名して桂田長俊《かつらだながとし》）から進上された馬が遣わされた。茶会は、彼ら茶人・商人たちに越前を支配下に入れたことを知らせる機会であったのかもしれない。

軍事行動としては、佐久間信盛《さくまのぶもり》を河内に派遣して、追放後の義昭を保護していた三好義継を若江城に攻め、一六日、自刃に追いこんだ。義昭は前述した帰洛交渉決裂ののち、すでに紀伊興国寺《こうこくじ》へと移っていた。

譲位の申し入れと延期の謎

信長から朝廷に譲位の申し入れがあったことが史料上わかるのは、一二月八日のことである。『孝親公記』に、次のような経緯が記されている。

この日孝親と勧修寺晴豊《かじゅうじはれとよ》（参議右大弁）の二人が勅使として関白二条晴良《にじょうはれよし》のもとにおもむいた。信長から譲位を申しおこなうということを「頻《しき》りに申し入れ」てきたため、天皇はこれに回答する勅書を認《したた》め、二人を使者として晴良へ持たせたのである。晴良はさっそくその勅書を信長の宿所である妙覚寺へ持参した。

この時点で無位無官の信長に対し、公家の頂点にある関白が朝廷の使者としておもむいたのは破格の待遇であったと言えよう。たとえば義昭の兄にあたる足利義輝《あしかがよしてる》が将軍であった時期には、摂関家近衛家の当主稙家《たねいえ》やその一族が側近として幕府政治に関与していた（高梨真行「将軍足利義輝の側近衆」）。このような関係を前提に、信長に対し関白が使者としておもむいたのだとも考えられる。前章で見た天正改元以来、朝廷は信長を将軍にかわる権力者であるとみなしていたことがあらためて確認できる。

さて、勅書はまず家臣林秀貞《はやしひでさだ》をもって信長に伝えられた。信長はこの勅定を忝《かたじけな》く承るとしたものの、「当年すでに余日無きのあいだ、来春は早々申し沙汰いたすべきの由」を返答した。その後晴良・孝親・晴豊の三人は信長と直接対面し、「御譲位・御即位等の次第」についてあれこれ話し合ったという。

このとき天皇から信長へもたらされた宸筆《しんぴつ》（天皇の直筆）の勅書案が、禁裏の文庫である京都御所東山御文庫に伝わっている。原文をそのまま引用してみよう。

譲位の事、申さた候へき由、内々申入候つる。後土御門《ごつちみかど》院以来、此のそミにて候つれとも、事ゆき候ハて、御さたに及候ハす候つる。只今存しより候処、奇特さ、朝家《ちょうけ》再興の時いたり候と、たのもしく祝おほしめし候。かしく。（譲位の事について申し沙汰をおこなうという内々の申し入れがありました。後土御門院以来の望みであったのですが、実現できずそのままになっておりました。只今その方から申し出があったことは奇特であり、朝家再興の時が到来したと頼もしく祝っております）

弾正忠（信長）とのへ

（『東山御文庫所蔵史料』勅封一五七函－八二）

後花園	譲位	寛正5年（1464）	7月19日	（寛正5/3/28譲位段銭を諸国に課す）
	崩御	文明2年（1470）	12月27日	
後土御門	践祚	寛正5年（1464）	7月19日	
	即位	寛正6年（1465）	12月27日	（寛正6/6/7即位事始）即位段銭を課す
	崩御	明応9年（1500）	9月28日	
後柏原	践祚	明応9年（1500）	10月25日	
	即位	永正18年（1521）	3月22日	践祚から即位まで21年間待つ
	崩御	大永6年（1526）	4月7日	
後奈良	践祚	大永6年（1526）	4月29日	
	即位	天文5年（1536）	2月26日	天文3年末に大内義隆が用途を献上
	崩御	弘治3年（1557）	9月5日	
正親町	践祚	弘治3年（1557）	10月27日	
	即位	永禄3年（1560）	1月27日	
	譲位	天正14年（1586）	11月7日	

表2　室町時代後期以降天皇の在位

ここで譲位が後土御門院以来の望みであったというのは、正親町天皇の曾祖父にあたる後土御門天皇から父の後奈良《ごなら》天皇まで、譲位がおこなわれてこなかったことを指している。

表2のように、後土御門天皇が父の後花園《ごはなぞの》天皇から譲位され践祚《せんそ》（天皇の位に就くこと）したのが寛正五年（一四六四）のこと。それから三代、一〇〇年以上の長きにわたり譲位が途絶え、前天皇の崩御をもって次の天皇が践祚するという事態がつづいていた。実際、譲位後に院政をおこなうといっても、この時期においてはごく形式的な変化にすぎないだろう。しかし譲位をおこなわずに崩御まで在位することは、中世においてはむしろ異常事態

であった。だから正親町天皇は信長からの申し入れに対し奇特、朝家再興の時至ると言葉を尽くして喜んでいるのである。

今谷明《いまたにあきら》氏は、結局このときの譲位が実現していないことから、「譲位することなく天寿を全うしてきたという、三代百年に及ぶ立派な先例」を楯に、天皇は信長の申し入れを拒否したのだと推測している（『信長と天皇』）。しかし右の勅書からは天皇の譲位歓迎の気持ちを読みとるのが史料の素直な読み方だろう。今谷氏の議論は天皇と信長の対立を大前提に史料を解釈しているので、この考え方にはしたがうことができない。

ところで中山孝親は、信長から「頻りに」申し入れがあったと書いている。申し入れは再三なされていたらしい。いつ頃から申し入れがなされていたのか。改元直後は前述のように岐阜に戻り、その後越前・北伊勢などを攻めていたから、おそらく一一月一〇日の再上洛以降のことではないかと推測するほかない。

孝親の日記には、一二月三日に「密々」の「御談合」のため誠仁親王に呼ばれたことが記されている。話し合いの内容は不明だが、あるいはこれが信長の譲位申し入れに対して何らかの対応をとるためのものだったのかもしれない。天皇でなく、譲位される当事者である誠仁親王が話し合いの中心となっていることは注目される。

信長が義昭に、朝廷に対して油断なく勤めるように諫言したのは、改元費用の負担をしないことによる改元遅延が原因のひとつであった。このように朝廷がなすべき行事を遅滞なく遂行するための支援が将軍の責務であり、将軍追放後の信長の責務であった。改元をすませた信長にとって、朝廷に対して油断なく勤めるという方針に沿った次の行動が譲位申し入れだったことになり、これが実現すれば天下静謐を世の中に周知することにつながったはずである。

しかし結局このときの譲位着手は先延ばしにされた。その直接の理由として史料からわかるのは、「当年すでに余日無きのあいだ」ということであった。信長が自分から申し入れてきたことなのに、天皇が歓迎の意を示した途端「当年すでに余日無きのあいだ」という、一二月なのだから説明する必要がないような当たり前の理由を示して来春へと延期された。しかも翌春、つまり天正二年に至ってもそれがなされなかった。それゆえその裏側に天皇による譲位拒否の姿勢をうかがおうと考える余地が生ずる。

くりかえすが、天正元年末に譲位が延期された理由、翌春に至ってもなお実行されなかった理由、以上ふたつの理由に納得できる説明ができないかぎり、裏になにかを読み取ろうとする考え方は消えない。

譲位延期の理由を史料に即して考えれば、天皇が歓迎の意を示した一二月八日の時点で、まもなく信長は岐阜に帰るつもりでいたからだと思われる。実際、信長は一六日に京都を出発し岐阜に帰っている(『孝親公記』『信長記』)。したがって「当年すでに余日無きのあいだ」というのは、「当年は自分が京都に滞在する予定の日数が残り少なくなったので」と解釈すべきである。

たとえ天皇の回答が一ヵ月さかのぼって信長の上洛直後になされたとしても、現実的にその年のうちに譲位そのものに着手することはむずかしかった。後述するように、たいへんな手間と労力がかかるからだ。だからこのとき翌春に延期されたのは、譲位に関する先例にもとづき、それを「油断なく」おこなってゆくための計画を練るためだったと思われる。近く岐阜に帰るつもりでいた信長にとって、それらのことがらを朝廷から聞いて熟考するような余裕はなかったのである。

天正一四年の正親町天皇譲位

そこで次に考えるべきは、信長が約束した「来春」、天正二年に至っても結局、譲位がなされなかった理由である。

そもそも信長が譲位を「申しおこなう」、「申し沙汰」するというのは、改元のとき信長が義昭に苦言を呈したこととおなじく、その儀式遂行にともなう諸経費を負担する、経済的支援を指す。この時点で信長にそれを担えるだけの余裕がどの程度あったのか。まずこ

天正 12 年 10 月 4 日	仙洞御所造営縄打。
天正 12 年 11 月 25 日	秀吉、仙洞御所造営巡視。
天正 13 年 1 月 18 日	仙洞御所作事始。
天正 13 年 2 月 17 日	仙洞御所築地築始、京都町民を動員。
天正 13 年 4 月 7 日	公家衆に命じ、譲位・仙洞御所の旧例を勘進せしめる。
天正 13 年 12 月 16 日	仙洞御所棟上。
天正 14 年 2 月 25 日	秀吉、仙洞御所拝観。
天正 14 年 6 月 3 日	譲位の日程につき示しあり。
天正 14 年 6 月 7 日	日取り決定す。
天正 14 年 7 月 1 日	青蓮院尊朝法親王、仙洞御所安鎮法を修す。
天正 14 年 7 月 14 日	誠仁親王、患いを発す。
天正 14 年 7 月 24 日	誠仁親王薨去。
天正 14 年 11 月 7 日	嫡孫和仁親王（誠仁親王の子）に譲位。
天正 14 年 11 月 25 日	即位儀。

表3　正親町天皇の譲位に至るまで

の点から考えてみよう。

この疑問に答えるためには、この時期の譲位・即位にどのくらいの時間と費用がかかったのかを確認しておく必要がある。

正親町天皇の望みが叶って譲位が実現したのは、信長が没し羽柴秀吉が天下の実権を握ったあと、天正一四年のことだった。信長の申し入れから実に一三年後のことである。このとき秀吉がどういった準備をして最終的に譲位が実現したのか、まとめたのが表3である。

譲位式は天正一四年一一月七日に挙行された。準備に着手されたことが史料上わかるのはその約二年前、同一二年一〇月のことである。このとき仙洞御所《せんとうごしょ》の縄打《なわうち》（敷地に縄を張り建物の位置などを定める）がおこなわれた（『兼見卿記』）。仙洞御所とは譲位した上皇が住む御所である。譲位とはたんに天皇が交替するだけでは済まない。仙洞御所の造営からはじめなければならないのである。

信長没後の織田家家督をめぐるあらそいに端を発し、羽柴秀吉と徳川家康・織田《おだ》信雄《のぶかつ》が対立して軍事衝突に至った小牧《こまき》・長久手《ながくて》の戦いが起きたのは、同年四月のこと。その後も秀吉と家康の小競り合いはつづき、戦局は膠着《こうちゃく》していたが、家康・信雄と秀吉のあいだで和睦がなったのが一一月であった。仙洞御所造営に着手されたのがそうした時期、つまり秀吉の権力基盤が安定化しつつあったのと前後していることに注意しておきたい。

仙洞御所造営が着々と進むかたわら、譲位式の準備もはじまった。同一三年四月に、所司代前田《まえだ》玄以《げんい》を通し公家衆に対して、譲位などに関しそれぞれの家に伝えられている旧記類を調べて報告するよう要請が出された（『中御門宣光記』）。譲位は一〇〇年以上おこなわれておらず、直接経験している者は誰もいない。諸家に残る過去の記録にもとづき、古来どおりの儀式を再現しなければならないからだ。

翌一四年六月に入り、譲位の日取りが決定した。ところがその一ヵ月後、譲位の相手である誠仁親王が突如病を発する。病状はいっとき持ち直し快方に向かいつつあったのだが、容態が急変して帰らぬ人となってしまう。七月二四日のことである。誠仁親王の死をめぐっては劇的な話もいくつかあるのだが、ここでは深く触れない。興味を持った方は別

図1　後陽成天皇尊影（典拠：朝日新聞社『皇室の御寺　泉涌寺展』図録）

稿（「誠仁親王の立場」）をご参照いただきたい。

譲位すべき相手を喪ったため、直前まで準備が進んでいた譲位は暗礁に乗り上げるかに見えた。しかし親王には嫡男若宮がいた。元亀二年（一五七一）生まれ、このとき一六歳。ほどなく若宮に親王宣下《せんげ》があって、親王は元服をすませ正親町天皇から名を和仁《かずひと》と賜わり、一一月七日、正親町天皇から嫡孫和仁親王への譲位がなされた。後《ご》陽成《ようぜい》天皇の誕生である。誠仁の不慮の死のため若干先に延びたが、仙洞御所縄打から約二年後のことであった。

譲位の費用

天正一二年一〇月に仙洞御所造営が開始されたとき、本願寺顕如の右筆《ゆうひつ》であった宇野《うの》主水《もんど》は、譲位にかかる諸経費について耳に入った情報を日記に記している。それによれば、「御即位に三千貫、御作事方に五千貫、院の御入目《いりめ》に二千貫、都合一万貫御《お》請《うけ》なり」とある（『宇野主水日記』）。総経費一万貫文（現在の貨幣価値に換算すると約一〇億円）。内訳は、儀式に三〇〇〇貫文、御所建設費に五〇〇〇貫文、上皇としての体裁をととのえるために必要な経費二〇〇〇貫文であった。風聞なので正確ではないかもしれないが、信長の時代に譲位がなされたとしても、同程度の経費がかかっただろう。

ちなみに正親町天皇の父後奈良天皇の即位式は、周防山口《すおうやまぐち》を本拠とした戦国大名大内義隆《おおうちよしたか》が二〇万疋（二〇〇〇貫文）の献金をおこなったおかげで挙行できた（『後奈良天皇宸記』）。また正親町天皇自身の即位式は毛利元就《もうりもとなり》からの献金二〇万疋によっていた（『言継卿記《ときつぐきょうき》』）。おおよそ即位礼は二〇〇〇貫文前後の経費を要したと考えてよい。宇野主水が入手した情報もそこから大きくかけ離れた額ではない。

それまでとちがう点は、このときは譲位がおこなわれたということにある。後柏原《ごかしわばら》・後奈良・正親町の三代は、父帝の崩御をもって践祚し、その後即位式（天皇の位に就いたことを万民に知らせる儀礼）をおこなうだけでよかった。しかし戦国時代においては、その即位式すらも経済的事情でなかなか挙行できなかったのは有名な話である。後柏原天皇は践祚から即位礼まで二一年を要した。

ところが今度は譲位であるから、践祚の前に譲位式（譲国の儀という儀礼）をおこなう必要があった。そのうえで即位式もある。実際、天正一四年には、一一月七日に譲位式があったあと、同月二五日に即位式がおこなわれた。

少し下って江戸時代におこなわれた譲位・即位の事例を見てみよう。久水俊和《ひさみずとしかず》氏の研究によれば、約一〇〇年後の貞享四年（一六八七）における霊元《れいげん》天皇から東山《ひがしやま》天皇への譲位と即位では、それぞれ二五〇〇石前後の経費が見積もられ、江戸幕府に請求された。天正年間頃の京都地域における銭と米の換算率は一貫文が一石なので、ひとまずそれをあてはめれば二五〇〇貫文見当となり、戦国時代の献金額からはやや多い程度となる。ここでは額よりも譲位と即位に同程度の経費がかかったということが確認できればよい。

つまり、譲位をおこなうということは、儀式だけで単純に倍の経費を必要としたのである。先の宇野主水の日記の書き方では、内訳が譲位式・即位式それぞれにどう対応するのかかならずしも明確ではないが、いずれにしても上皇の出現により、それまで以上の経済的負担が発生するのである。

信長の経済負担能力

それでは信長はこうした負担にたえられるほどの経済力を持っていたのだろうか。

信長の父信秀《のぶひで》が天文一二年（一五四三）、内裏修理用途として四〇〇〇貫文を献上したという風聞があったのは有名な話である（『多聞院日記』）。それが本当であれば、尾張《おわり》という肥沃な地を支配しているための財力が背景にあったのだろう。それを受け継ぎ、さらに領国を拡大しているのだから、信長にしてもそれなりの財力を保持していたことはまちがいない。

天正元年に至るまで信長が朝廷に対してなした経済的援助について見てゆけば、永禄一一年（一五六八）一〇月に「禁裏御不弁」（経済的困窮）のため一万疋（一〇〇貫文＝約一〇〇〇万円）を献上している（『言継卿記』）。また、同年一二月の誠仁親王元服にさいし、三〇〇貫文を進めている。ただし「一向悪物」（粗悪な銭）だったとある（『言継卿記別記』）。

翌一二年に着手された内裏の修理では、総費用一万貫文と見積もられている（『言継卿記』）。このすべてを信長が負担したかどうかはわからないが、信長の主導によって修理がなされたのだから、大半が信長の負担だった可能性が高い。

信長の財力を推し量る材料を得るため、後年の事例も見ておこう。

伊勢神宮正遷宮をおこなうにあたり、天正一〇年（一五八二）正月、御師《おし》上部《うわべ》貞永《さだなが》は信長に対して遷宮用途の拠出を要請した。どのくらい必要なのかという信長の問いに対し、貞永が一〇〇〇貫文と答えたところ、前々年の石清水《いわしみず》八幡宮修造のおりに実際に要した額が見積額を大幅に超過したことを引き合いに出し、希望額の三倍の三〇〇〇貫文（約三億円）をまず提供することにし、そのほかは必要に応じてまた出そうと約束している。

その翌日信長は、岐阜城の嫡男信忠に対し、先年同城の蔵に納めた銭一万六〇〇〇貫文について、銭をつなぐ縄が朽ちている恐れがあるのであらたに作り直し、遷宮用途の拠出に備えるように命じている（『信長記』巻一五）。ちなみに二〇一三年（平成二五）に挙行された伊勢神宮の正遷宮は、建築・衣服・神宝製作合わせて五五〇億円かかったと公表されている。

このように、没した天正一〇年の時点で、少なくとも岐阜城には一万六〇〇〇貫文の蓄えがあった。当然、安土城にも同程度かそれ以上の財が蓄えられていただろう。遷宮用途三〇〇〇貫文程度であればすぐに出せるほどの経済的余裕があったのである。

ここから十数年の時間をさかのぼらせても、内裏修理などで一万貫文を出せる程度の財力がないわけではなかったことは見てきたとおりだが、まだまだ蓄財は少なかっただろう。しかも元亀年間には、第一章で述べたように周囲の敵対勢力との戦いに翻弄され、軍事面での経済的負担も大きかったにちがいない。そのうえで元亀四年に義昭を追放し、直後おそらく改元費用を賄った。くわえて譲位（さらに即位）となると、この時点の信長にとってはまことに大きな負担だったと考えられる。むろんそれをある程度承知のうえで申し入れをおこなったのだろうが、そう簡単に実現はできなかったことは予想される。

天正二年の信長をめぐる情勢

右に触れた財力面での不安を別にしても、約束された天正二年前半において、信長が譲位を「申し沙汰」することを阻んだ原因がある。義昭追放後の「天下」の情勢がいちじるしく不安定になっていたことである。時間を追って見てゆきたい。

前年天正元年に朝倉氏を滅ぼしたあと、数年前に信長方に降っていた同氏の旧臣前波吉継を守護代として越前に置き、支配をゆだねた。ところが吉継は栄耀栄華に誇り傍若無人のふるまいがあったため、国内武士たちの反発をまねき、吉継と一緒に朝倉氏から降伏して、義景滅亡後府中城をあたえられていた富田《とみた》長繁《ながしげ》に攻められたすえ自刃する（『信長記』巻七、『尋憲記』『朝倉記』）。

このような越前国内の混乱状態に乗じ、今度は一向一揆が蜂起した。『朝倉記』によれば二月上旬だという。長繁はこれを迎え撃とうとするが、結局彼も一向一揆とのいくさのなかで討死した。信長は一向一揆勢に対抗するため、羽柴秀吉・丹羽《にわ》長秀《ながひで》らを敦賀《つるが》に派遣するものの（『信長記』）、せいぜい一揆勢の勢力拡大を抑えることしかできなかった。かくして信長が義景を討って半年も経たないうちに、越前は一向一揆が支配する国となってしまったのである。

いっぽう二月には本国美濃にも危機が迫った。武田《たけだ》勝頼《かつより》の軍勢が美濃東部に侵入し、明《あけ》智《ち》城（岐阜県恵那《えな》市）を攻撃したのである。二月四日付の書状で信長は、重臣佐久間信盛に対し、近日中に出陣するのでそれまで敵を引きつけておくよう命じている（『古文書雑纂』)。『信長記』によれば実際翌五日に信長は信忠とともに出陣した。

しかしながら明智城周辺の美濃東部は山あいの嶮難節所であったため、織田方・武田方とも十分に軍勢を展開できず手をこまねいていたところ、明智城内に武田方への内応者があらわれ、城はそのまま武田方の手に落ちた。やむなく信長父子は二月二四日に岐阜へ戻っている。

そして上洛の途についたのは翌月一二日のことであり、一七日に京都に入った。譲位の「申し沙汰」を約束した「来春」の上洛の機会がやってきたのである。けれども右に見たように北と東に脅威が存在していた以上、譲位を「申し沙汰」する余裕があったとは思えない。

とはいえ、次章で述べるように、この上洛中に信長は、はじめて奈良に下向して東大寺に参り、正倉院の名香蘭奢待《らんじゃたい》を切り取るなどの行動をとっていることが注目されるだろう。

さて、信長上洛中にも敵対勢力による反信長の動きが発生する。四月二日に本願寺顕如が兵を挙げ、三好康長《みよしやすなが》らがこれに呼応して河内高屋《たかや》城に籠もったのである(『信長記』『吉川家文書』)。信長は大和の筒井順慶《つついじゅんけい》に一一日出陣を命じ、一二日の総出陣を告げている(『古文書纂』)。

そうこうしているうちに、武田勝頼が今度は信長の盟友徳川家康の属城であった遠江高天神城《とおとうみたかてんじん》（静岡県掛川市《かけがわ》）へ攻撃を開始したとの報が入り、信長は家康を支援するため、五月中旬に京を発して岐阜へ帰る（『信長記』『年代記抄節』）。六月一四日、信長は軍備をととのえて信忠とともに出馬するものの、ここでも勝頼の調略が成功し、城主小笠原氏助《おがさわらうじすけ》（信興《のぶおき》）が武田方に降ったため、城は勝頼の支配下に入ってしまう。またしても信長は本格的ないくさを交えないまま岐阜に帰ることになってしまった。帰ったのは六月二一日のこと。武田方の積極的な攻勢により、美濃・遠江の織田・徳川領国が危機的状況にあったのである（平山優『長篠合戦と武田勝頼』）。

高天神城の危急を救うことができず岐阜に帰った信長は、一度振りあげた拳を下ろしかねたかのように、兵を返してほどなく、長年手こずっていた長嶋の一向一揆攻めにとりかかる。出陣は七月一三日である（『信長記』）。このとき、最終的に降伏してきた一向一揆勢に対し、悪名高い「撫切り《なでぎ》」と表現される虐殺がおこなわれた。

この「撫切り」は、一般的には元亀元年に弟信興《のぶおき》が長嶋一向一揆勢に居城尾張小木江《こきえ》城（愛知県愛西市《あいさい》）を攻められ果てたことに対する恨みのように言われている。しかし神田千里氏は、信長が長嶋一向一揆を「撫切り」にした理由は、一向一揆の拠る長嶋の砦などに逃げこんだ付近の領民もろとも虐殺することにより、一向一揆が領民を守ることのできな

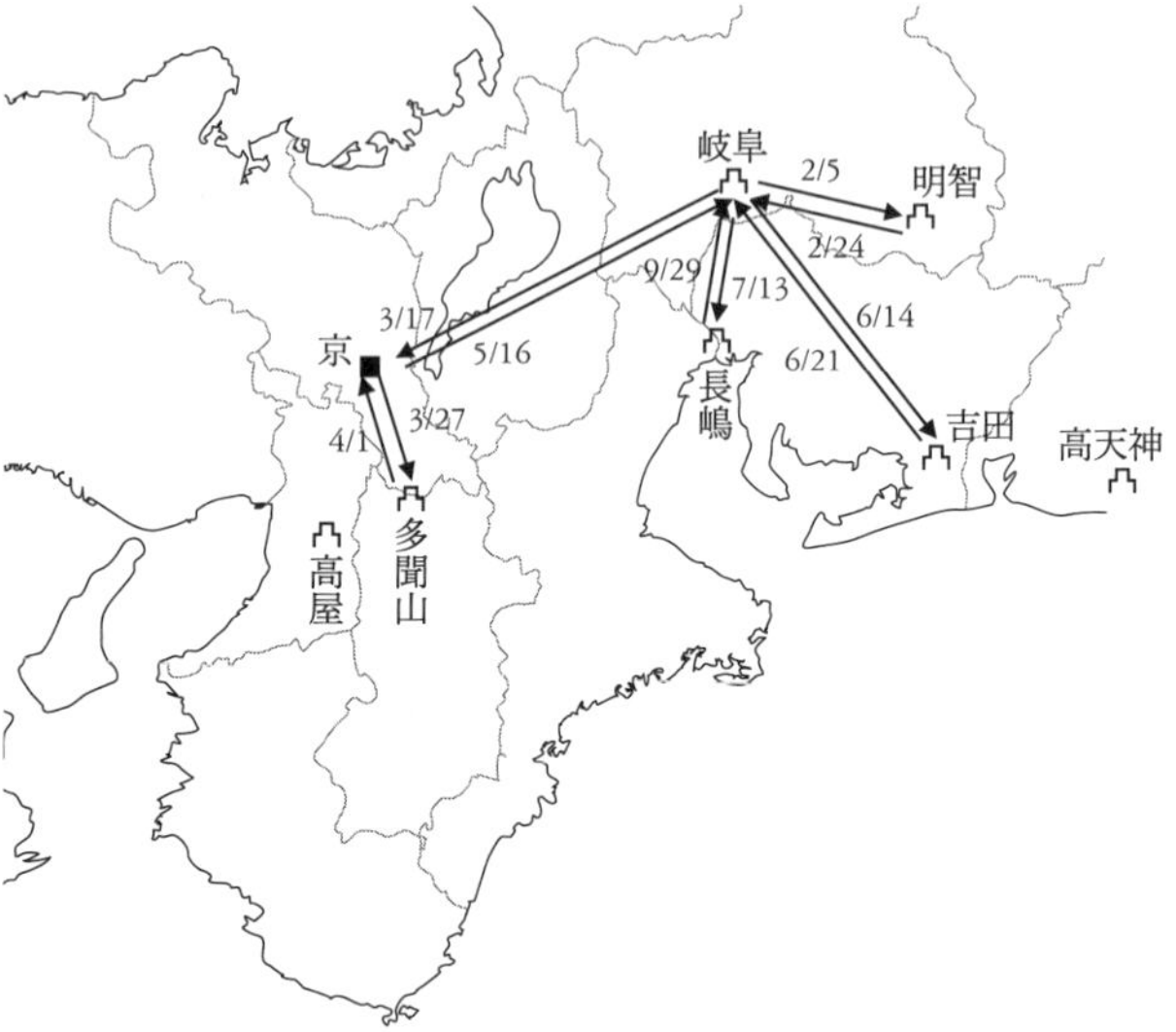

図2　天正２年の信長の動き

い領主であるという領主失格の宣告をあたえようとしたことにあると指摘している（『信長と石山合戦』）。

また、本願寺門徒が勤めるべき念仏修行を怠り、栄華に誇って武装をおこない、武家領主の支配にもしたがわないゆえの制裁であることが『信長記』に書かれてある。もちろんこれは信長の立場からの一方的な言い分だが、長嶋一向一揆もまた、信長にしてみれば天下静謐を乱す集団であり、それゆえの「撫切り」だったのである。

最終的に信長が岐阜へ凱旋したのは九月二九日のことだった。以上この年の信長の動きを図2にまとめてみた。

その後年内の彼の動向としては、閏《うるう》一一月に家康に対して三河吉良《みかわきら》（愛知県西尾市《にしお》）へ鷹狩におもむく意思を示していることがわかっている（『彰考館所蔵文書』）。ただし実際に鷹狩をおこなったかどうかは不明である。

この年の一一月に起きた大和法隆寺内の僧侶のあらそいに信長の裁決が求められたとき、これを取り次いだ家臣塙直政《はのうなおまさ》は、一二月一二日付の書状で一方の僧衆に対し、来春の御上洛のさいに糺明を遂げる旨を返答しているから（『法隆寺文書』）、長嶋から帰ったあとは翌年はじめまで当分のあいだ骨休めをするつもりでいたのだろう。もはや天正二年内の譲位「申し沙汰」は実行不可能であった。

脇田修氏のように、朝倉・浅井、三好義継らを討ち、松永久秀が降伏したために「幕府滅亡後の余震もおさま」り、越前一向一揆の蜂起はあったものの、天正二年は「畿内は近年になく安定したとき」と評価する立場もある（『近世封建制成立史論』）。

たしかに宿敵を討ちしたがえたという意味ではまちがった見方ではないかもしれないけれど、右に見てきた経過をふまえて信長の鎮護すべき「天下」の状況を考えれば、安定どころか、その静謐を保つことすら危うくなっているのがわかるだろう。自身何度も出馬を余儀なくされたように、まず天下静謐が優先であり、前年末に約束したような譲位「申し沙汰」をするような余裕はとうていなかったのである。

前年末に約束された譲位「申し沙汰」は結果的に履行されなかった。橋本政宣氏が指摘しているように、朝廷ではその後もおりに触れ即位のための装束の虫干しなどをおこない準備を怠らなかったようだが、信長周辺からしばらく譲位ということばは出てこなくなってしまうのである。

第三章　蘭奢待切り取り
——天正二年三月

蘭奢待（正倉院事務所提供）
白く見える３つの紙箋の真ん中のものが信長の切り取った跡を示す。

蘭奢待切り取りをめぐって

天正二年（一五七四）春の履行が約束された織田信長による譲位「申し沙汰」は、「天下」が不安定な状況であったため結局おこなわれなかった。もっとも信長は同年三月には上洛している。この京都滞在中に信長がとった行動として著名なのは、同月下旬になされた奈良下向、および蘭奢待《らんじゃたい》の切り取りである。

蘭奢待とは、東大寺正倉院に収められている天皇家の宝物《ほうもつ》であり、名香の誉れ高い香木「黄熟香《おうじゆくこう》」の通称である。毎年秋に奈良国立博物館で開催される正倉院展では、十数年に一度展示の機会がある（最近では二〇一一年に一四年ぶりに公開された）。写真で見るとそれほどに感じられないが、全長一五六センチメートルというから、人間一人ほどの大きさがある。現在では信長のほか、足利義政《あしかがよしまさ》・明治天皇が切り取った部分が紙箋で表示されている。

この香木は、名前の蘭・奢・待三文字のなかにそれぞれ東・大・寺という三文字が隠されていることでも知られる。信長の家臣塙直政が東大寺の権益を保障した書状を出したとき、宛名を「蘭奢寺」と書いた（『東大寺薬師院文庫史料』）。東大寺をこのように呼ぶ例はほかにあるのだろうか。この文書は八月二一日付であり、年次未詳だが、信長の蘭奢待切り

天正2年（1574）	
3月17日	信長、上洛する。
3月18日	信長、朝廷より従五位下に叙され、昇殿を許される。
3月21日	塙直政、筒井順慶とともに奈良に下る。
3月22日	直政、一乗院の庭を見物し、春日社・東大寺に詣す。
3月23日	直政、東大寺年預五師浄実に信長の蘭奢待所望を伝える。
（この間）	信長の正倉院開封要請が朝廷になされる。
	東大寺別当に三条西実枝子息千世保丸が任じられる。
3月27日	信長、奈良に下向する。
3月28日	正倉院開封、蘭奢待切り取り。信長、東大寺大仏・春日社等に詣す。
4月1日	信長、京都に戻る。

第三章関係年表

取りに直政が強く影響されていたとしか思えないから、天正二年のものである可能性が高い。

蘭奢待は天皇家の御物《ぎょぶつ》であるが、寛正六年（一四六五）九月におこなわれた室町将軍足利義政の奈良下向のおりに一部切り取られたことが記録されている（『正倉院御開封記録』）。室町将軍は義満以降、義《よし》持《もち》・義教《よしのり》・義政と奈良下向が確認され、それぞれ大々的な儀礼をともなったものだった。

信長が蘭奢待を切り取ったのはその義政以来約一〇〇年ぶりということもあって、このときの彼の意図が、みずからを室町将軍の後継者になぞらえることにあったという見方が一般的であった。

また前年末の譲位延期を正親町天皇による拒否とみなす立場からは、譲位を申し入れたときあわせて征夷大将軍任官を望んだものの拒否されたため、信長は蘭奢待切り取りを実行して天皇に圧力をかけたと論じられている。信長による将軍任官要請という事実自体は現在否定されているが、御物である蘭奢待の切り取りという行為の背景に「天皇に向りた異常な示威」があったという評価（藤木久志「織田信長の政治的地位について」）に代表される、信長による天皇・朝廷への圧力という見方は依然として通説の地位を保ったままだった。

これに対し、わたしは数年前、信長の奈良下向・蘭奢待切り取りをめぐる史料を読みなおし、信長による天皇・朝廷への圧力という考え方に異を唱えた（「織田信長の東大寺正倉院開封と朝廷」）。天皇は信長の蘭奢待切り取りの要望を許可し、正倉院開封にあたって勅使も派遣された。信長は奈良に入ったときにはあくまで丁重にふるまい威圧的な雰囲気を感じさせず、奈良の僧侶たちを安心させた。通説はこれまた信長と天皇・朝廷との関係を対立的ととらえる文脈からみちびき出された解釈なのである。

この自説についてはは一定の評価を得て、それを支持してくださる研究者もあったが、なお現在でも、一般的には右に述べた通説的理解が浸透したままで、強い影響力を持っていると思われる。

右の論文を発表したあと、そこで取りあげた史料について解釈を大きくあらためた点もあるので、本章でいまいちど信長による蘭奢待切り取りについての経緯を見とおし、その政治的意義を述べることにする。

またその過程で、公家の長老三条西実枝《さんじようにしさねき》による天皇への不信感も浮かびあがってくる。実枝の抱いた危機意識は、その後数年のあいだに起こる朝廷内部の混乱状況を予見しているかのようである。蘭奢待切り取りをめぐる天皇・朝廷の対応を示す史料には、天下静謐という状況下における天皇・朝廷の役割を理解するうえでの重要な鍵が隠されていると思われるのである。

信長の上洛と蘭奢待拝見申し入れ

まず、天正二年の信長の上洛と奈良下向に至る経緯を簡単に見てゆこう。

同年の軍事行動全般については前章で述べたとおりである。二月に武田勝頼の美濃侵略に対抗するために出陣し、同月二四日に岐阜へ戻ってきた信長は、翌三月一七日に京都へ入った。翌一八日の日付にて、朝廷は信長を従五位下《じゆごいのげ》の位階に叙し、昇殿を許可している。このことについては第五章で触れる。

その数日後、塙直政が先乗りのようなかたちで奈良にやってきて、東大寺に信長のことばを伝えた。「蘭奢待はこれあることに候や」（蘭奢待はあるのか）というのである。直政はつづけてこう言っている。「信長へ進《まい》らされ然るべし」（『尋憲記』）。すでに当初から信長は蘭奢待入手を希望していたわけである。

東大寺に対して公式に蘭奢待所望が申し入れられたのは二三日のことだった。年預五師《ねんよごし》という実務方の責任者であった僧侶浄実《じょうじつ》の坊舎に直政が訪れてその旨を伝えている。浄実にはこのときの経緯を少しあとになってからまとめた記録『三蔵開封日記《みつくらかいふうにっき》』があるので、わたしたちはこのときの様子をくわしく知ることができる。本章においてとくに注記がない記事はすべてこの史料によっている。

このとき直政が浄実に伝えた信長の要望は、「東大寺霊宝蘭奢待信長拝見致すのあいだ、満寺衆徒御同心に預かればもっとも祝着たるべし」という寺の同意を求める内容であり、もしそれがかなうばあい、「御寺領以下随分先規のごとく申し付くべきの由よくよく申し入るべし」と約束された。東大寺領がこれまで同様保護されるために尽力するということである。

これを受けて寺内では僧侶たちによる集会《しゅうえ》が開かれ、要望の是非について侃々諤々《かんかんがくがく》の議論をおこなった結果、次のようなただし書きを付けて開封を受け入れた。

臨時の開封は先例がないけれども、信長は内裏の御殿を修造したり、莫大な御料所を寄附したり、朝敵を退け、義昭を奉じて上洛を遂げるなど、「公武御再興」に力あったため、御香拝見は断りきれない。ただし開封の儀式や拝見のやり方については従来の手順を守ってもらいたい。もし先規に背く不作法があれば、香の権威が失われ、信長にとっても専横なふるまいだと天下のうわさになる。それはいかがなものか。くれぐれも従来のやり方で開封するよう伝えてほしい……。

正倉院の開封にあたっては勅使が下向して立ち会い、香の拝見も東大寺別当の坊舎においておこなうといった先例を厳守してほしいという要望である。正倉院は倉を開けるときに勅使が京都から下向して扉を開き、閉ざすときには勅使による封がほどこされた。倉を開けることを「開封」というゆえんである。

また、東大寺僧たちは、信長が「天下」のうわさに敏感であるということを知っていたのだろうか、そのあたりの心理を巧みについて、「天下口遊《くちずさみ》」もあるので、と釘を刺している。

『三蔵開封日記』には、そう返事はしたものの、どうせ来年のことだろうと油断していたところ、本当に信長が二七日に奈良に下向してくるという報せを聞いて慌てたとある。信長は東大寺の承諾を得たあと、拝見のための準備を着々と進めていたのである。

その後の手順としては、信長から朝廷に勅許を求める要請がなされ、朝廷内での手続きに入ることになる。信長が勅許を求めたり、逆に信長に対し許可することを直接示した文書は確認されていない。ただし勅許が出たのは確実であり、それを受けて手続きに入る文書はいくつか残っている。

このとき東大寺の長である別当は空席であった。そのため急いでこれを任じている。開封は別当に対する勅命として下されるため、形式的であっても別当の存在が必要であった。そこで当時東大寺の子院西室《にしむろ》（院）に入室していた千世保丸《ちよほまる》という名の「小童」が任じられた（『森川文書』『寺辺之記』）。彼は権大納言三条西実枝（彼はこの年一二月に実澄《さねすみ》から実枝と改名する。以後も混乱を避けるため表記は実枝に統一する）の子息である。父実枝には少年の別当を補佐することが求められた（『東山御文庫所蔵史料』勅封三五函乙）。

おそらく右の手続きを進めてゆくなかで、実枝は協力要請の文書やその考え方に違和感を抱き、天皇に対して直接諫言したものと思われるが、このことは後述する。

蘭奢待拝見まで

さて信長は二七日に奈良へ入った。三〇〇〇人の軍勢を引き連れていたという。奈良では、前年末信長に降参した松永久秀父子の居城であった多聞山《たもんやま》城に入っている（『多聞院日記』）。

さっそく浄実たちは多聞山城に礼におもむく。そのさい奏者を通じて蘭奢待拝見の方法が告げられた。それによれば、拝見するのは明日二八日、方法は、信長自身が倉に入ることは「恣《ほしいまま》の仕《つかまつ》りかの旨口遊如何のあいだ」（専横なふるまいとうわさされるのはいかがかと思うので）、城へ蘭奢待を運び入れ寺僧衆も同席したうえで「請け置く」ことが約束された。

史料上、信長の要請は蘭奢待の「拝見」という表現を用いてやりとりがなされているが、結果的に一部切り取られたこと、切り取りをめぐってあらたに問題が生じた形跡がないこと、右に「請け置く」という表現が用いられていることなどから、「拝見」は切り取ることも含んでの要請だったと考えられよう。

二八日には、まず辰《たつ》の刻《こく》（午前八時頃）に信長の名代織田《おだ》信澄《のぶずみ》以下、佐久間信盛・丹羽長秀・蜂屋《はちや》頼隆《よりたか》・柴田勝家・荒木《あらき》村重《むらしげ》・島田《しまだ》秀満《ひでみつ》・塙直政・菅屋《すがや》長頼《ながより》・前田《まえだ》利家《としいえ》・福富秀《ふくずみひで》勝《かつ》・矢部《やべ》家定《いえさだ》・武井《たけい》夕庵《せきあん》・松井《まつい》友閑《ゆうかん》ら（一部『信長記』より補足）錚々《そうそう》たる信長家臣の面々が浄実の坊を訪れ、そこで三献の宴があったのち、彼らが見守るなか正倉院を開封して蘭奢待を倉外へ運び出した。

ついでそれを櫃《ひつ》ごと信長の待つ多聞山城へ運び入れ、城内の「泉殿」という場所で取り出し、東大寺の大仏師によって切り取られた。ただし『信長記』には「御成の間舞台において」拝見したとある。切り取られたのは一寸四方（『信長記』は一寸八分）二片の木片で、そのとき信長は見ていた東大寺僧侶たちに向かい、「一つは禁裏様、一つは我ら拝領」と言ったという。『信長記』では、御供の馬廻《うままわり》たちに対して「末代の物語に拝見仕るべし」という仰せがあったと記されている。

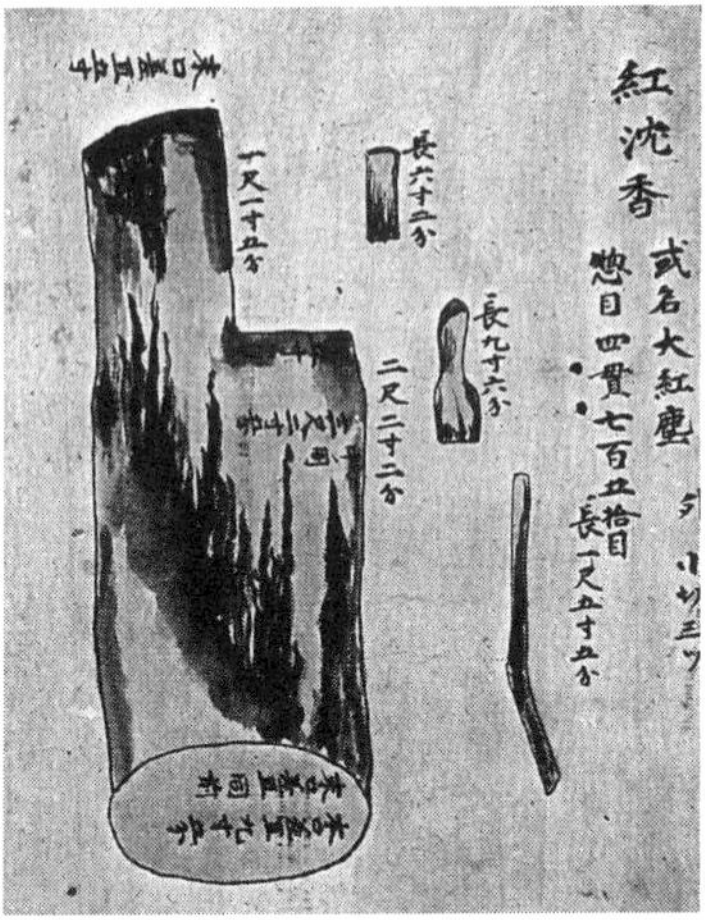

図3　紅沈香（東大寺図書館所蔵『正倉院御物絵巻』）

切り取ったあと蘭奢待は正倉院に戻されたが、その後信長は、正倉院にあるもうひとつの香木「紅沈《こうじん》」を拝見したいという要望を浄実に申し入れてきた。そこで今度はこの紅沈を倉から多聞山城に運びこんだ。しかし紅沈については、これまで切り取られたことがないため、拝見するだけで戻されている。寛文六年（一六六六）に制作された『正倉院御物絵巻』（東大寺図書館所蔵）には、蘭奢待につづけてこの紅沈の絵も描かれている。全長一尺五寸五分（五〇センチメートル足らず）という、蘭奢待にくらべ小ぶりな香木である。

紅沈を倉に戻してしばらくしてから信長本人が倉を訪れ、内部を一見した。帰る途中佐久間信盛を使者として、紅沈もまた名香なので蘭奢待と一緒の倉（正倉院のうち中倉）に納め、あとで見分けがつかなくならないよう、それぞれの櫃に香の銘を書いておくべきことを進言している。

開封にあたり、信長から浄実に対して「先例の旧記」の有無が尋ねられた。しかしながらそれを知る人間がおらず、時間がなく寺内の文庫を探す余裕がないと断りを入れている。

実務責任者であった浄実の心労は尋常ではなかった。『三蔵開封日記』の末尾近くには、「およそ今回のことは、突然であったうえに不案内であったが、東大寺にとってたいへんな一大事であったために、老若の寺僧たちが協力して立ち働いたおかげで、過失もなく、まず無事終えることができた。これは神慮のおかげだろう。とりわけわたしは年預という職務にあって人一倍の気づかいを必要とした。一夜にして白髪になる思いとはこのような苦労を言うのだろう」と無事大役を果たした安堵の気持ちを書きつけている。

信長の配慮

ここまで記してきた経緯からも、奈良下向・正倉院開封が威圧的におこなわれたわけではなかったことがうかがえると思うが、もう少しそのあたりを補足して確認してみよう。

信長は奈良に引き連れてきた三〇〇〇人の軍勢に対して陣取りを停止し、縁故により宿を借りることも禁じている。

中世では戦乱にさいし、軍兵の移動と滞留にともなって兵たちが寺社などに寄宿することがおこなわれた。そのさい乱暴などの暴力行為が付随することがあるため、戦乱が起きたとき寺社があらかじめ寄宿を禁じる禁制を権力者から獲得しようとする行動がよく見られる。

信長の奈良下向のおりは、寄宿される側からの要請以前に、訪れる側である信長から寄宿の禁令が出たとおぼしい。軍勢滞留による都市奈良の治安悪化を未然に防ぐための策である。これに対して興福寺多聞院の僧英俊《えいしゅん》は日記に「一段善政の下知、上下安堵しおわんぬ」と書いている（『多聞院日記』）。突然の軍勢駐留に危惧をおぼえた奈良の人びとだったが、信長の措置を善政と賞し、胸をなで下ろしたのである。

蘭奢待を拝見したときの信長の態度については述べたとおりである。事前に拝見に対する寺領保護という見返りが約束された。また、正倉院に直接乗りこんで拝見しては「恣の仕り」と批判が起こってしまうので、多聞山城に運び入れた。切り取るときにも、自分たちが預かって切り取れば「私《わたくし》がましきゆえ」、蘭奢待に付きしたがって多聞山城にやってきた浄実ら東大寺僧たちを香の近くまでまねき寄せ、彼らの見守る前で拝見し、切り取っている。

また切り取ったのは二片であり、ひとつを天皇のためだと宣言している。実際このとき切り取られ天皇に進献された香木片は、さらにこまかくされ、前関白九条稙通《くじょうたねみち》や勧修寺晴右ら公家、また毛利輝元にも頒けあたえられたことが確認される（『東山御文庫所蔵史料』『藝藩通志』『泉涌寺文書』）。

多聞山城を出て正倉院を一見したあと、その日の夜のうちに信長は東大寺の大仏、東大寺八幡宮、春日社などに参詣した。この様子を見物していた英俊はその態度を「一段慇懃」と書いている。東大寺に乗りこみ目当ての蘭奢待を切り取ったらそれでおしまいということではなく、東大寺・春日社などへの配慮も怠っていない。

信長の奈良下向、蘭奢待切り取りにあたっては、たしかに迎える東大寺側を困惑させるような面がないでもなかった。ただそれは突然の申し入れであったために寺の側でくわしい先例を調べるなどの準備ができなかったからであり、知られるかぎりの先例にもとづきそれがふまえられれば、寺としても何ら拒否することではなかった。信長としても、専横なふるまいと見られないように注意を払い奈良にやって来て、蘭奢待を切り取ったことがわかる。蘭奢待切り取りというできごとから、示威・強圧といった歴史像は取り払わなければならない。

奈良下向の意図

それでは信長はこのとき何のために奈良へやってきたのだろうか。

名物好きという信長の嗜好から、彼が名香蘭奢待に興味を持っていたことはまちがいない。ただ、それだけではないだろう。前述したように、天正元年末に大和に勢威をふるっていた松永久秀・久通《ひさみち》父子が降伏し、居城多聞山城を差し出した。奈良を中心とする大和国北部も「天下」の支配がおよぶ地域に組みこまれたのである。そうなると、それまで大和国内に勢威を持っていた興福寺や東大寺などの有力寺院との良好な関係構築があらたな課題となる。

いっぽうでその前後の時期、筒井順慶が「朱印礼《しゅいんれい》」と号して、興福寺大乗院門跡に仕える奈良の人びとから銀子を徴収しようとしてもめごとになるなど、奈良の治安が不安定な状況になっていた（『尋憲記』）。

その監視も兼ねて、信長は接収した多聞山城に重臣を送りこみ、奈良の治安維持にあたらせている。天正二年正月には明智光秀が、二月には長岡藤孝《ながおかふじたか》が、三月には柴田勝家が交替で多聞山城の城番として詰めている（『多聞院日記』『尋憲記』）。

そうしたなかでの奈良下向である。将軍が畿内からいなくなったあと、南都の静謐維持に責任がある立場であることを奈良の人びとに示すため、支配の拠点となった多聞山城に家臣を駐在させ、その責任を見えるかたちで示した。また東大寺に対する寺領安堵を保障した。最終的に奈良の混乱状況収束を実現する力があることを示すため、軍勢を率いてみずから奈良に下向した。このような奈良と天下人とのあたらしい関係を示す象徴的行為として、東大寺正倉院開封、蘭奢待切り取りが選ばれ、信長のいる多聞山城に蘭奢待が運びこまれたのではないだろうか。

開封勅許をめぐる一通の文書

そもそも開封にあたっては勅許が下りているということを忘れてはならない。正親町天皇は信長の要望を拒否したわけではないのである。許可するにあたって朝廷が抵抗したような形跡は、少なくとも史料上は見られない。通説は出発点から誤認があった。

しかしながら、このときの勅許をめぐっては、信長とまったく無関係のところである葛藤が起きていた。それを示す文書を次に掲げよう。仮名主体でわかりにくいうえに長文だが、本書の主題に関連する重要史料のひとつであるため、原文を掲げて現代語訳を示す。

らんしやたいは、東大寺のみつくらにおさめられたる物にて候。これは、ちやうしやせんの御はからひにはならぬ事にて候。あら〳〵御ふあんない候や。女房の奉書も、一からかくこのほかなる御もんこんにて候。のふなか申につきては、れいなき事にて候とも、御れうけんなき御事候ほとに、そのうへにて、おほせいたされやうのしなかあるへき事にて候を、御ふんしやうのうつゝなさ、これにてはせうしと存し候へとも、御たんかうにもをよひ候はぬ事は、こはませまいらせ候へきにても候はねは、なにとなりとも、御さたありたきやうにせられ候へく候。いまくけ一とうにと申さたし候へきことのはしめに、かやうに心はからいなる事ともにては、行〳〵は一大事と思ひまいらせ候。たとひよく御ふんへつあるうへにても、かやうの事は、天下にはゝかりたる事にて候へは、をの〳〵にたつねられ候て、そのうへにて文をいたされ候も、もんこんあるへき事にて候を、この一にて万事かみえまいらせ候て候へは、まつ〳〵中事も候はす候。これは勅ふうにて候まゝ、勅しをたてられ候はねは、ひらかぬみつくらにて候を、こうふく寺のはからひに、わたくしの御氏てらに、このたひなされ候へき事、しやうむてんわうの御いきとをり、てんたうおそろしき事にて候。くちにては申おとされ候へきまゝ、わく〳〵とかきつけ申候。（蘭奢待は東大寺の三蔵に納められている物です。これは長者宣の計らいに属するものではありません。何ともご存じないのでしょうか。

女房の奉書も、まったく思いもしない御文言であります。信長の申し出については、前例がないことですが、ご存じないことであれば、それをふまえたうえで勅許の出し方もあるでしょうに、分別が足りない御文章です。これでは恥ずかしいと思うのですが、御談合にも及んでいない事は拒否すべきではないので、どのようにも御沙汰ありたいようになさったらよろしいのではないでしょうか。いま公家一統にと政務をおこなおうとしている事の始めから、このような心構えでいては、ゆくゆくは一大事になることと思いやられます。たとえ深く御考慮をなさったとしても、この問題は世間の目に注意しなければならないことであり、何人かと相談したうえで文書を出す場合にせよ、文言に気をつけなければならないにもかかわらず、この一事で万事が同じようなものだと思われては、あきれて言葉も出ません。勅封なのだから、勅使を立てなければ開かぬ三蔵であるにもかかわらず、〈藤原氏の氏寺である〉興福寺の計らいとして、天皇家の寺に対してなさったことは、聖武天皇の憤りが思われ、天道恐ろしきことであります。口頭では言いたいことも言い漏らしてしまうかもしれないので、心落ち着かぬまま書き付けることにいたしました）

三条西実枝の不信

文書とは発信者と受信者とのあいだで情報を伝達する手段である。内容を理解するうえで基本的におさえるべきことは、言うまでもないが誰から誰に出されたものか、という点である。ここを誤ると、その後の議論の方向すらおかしなことになってしまう。

現在この史料の原本は京都御所東山御文庫に所蔵されている。これを最初に活字で紹介した『大日本史料』では、天皇が蘭奢待拝見希望という信長の「不法」行為に憤っていると解釈した。

その後宮内庁による東山御文庫所蔵史料の調査が進展し、一九九九年に刊行された『皇室の至宝　東山御文庫御物1』（毎日新聞社）において写真が掲載された。その解説では、書いたのが天皇であるとする点や信長を咎めている点は『大日本史料』とおなじだが、天皇の怒りの矛先として藤原氏（二条晴良）・興福寺などもくわえられている。

先年わたしがこの文書を検討したときは、右の理解を前提に、天皇が怒りをあらわした文書であるとみなしたうえで、怒りの矛先は信長に向いておらず、直接は関白・氏長者二条晴良に対して憤ったと解釈した。勅許はするものの、そこに至る朝廷内の手続きに難があり、その点を天皇が問題視したと考えたのである。

ところがその後勤め先である東京大学史料編纂所の同僚末柄豊《すえがらゆたか》氏より、この文書は逆に〝天皇が怒られている〟ものなのではないかという指摘を受けた。言われてみれば、たしかに『皇室の至宝　東山御文庫御物1』ではこの文書を『蘭奢待香開封内奏状案』としている。内奏とは臣下が内密に天皇に奏上することであり、「案」とは案文のことで、下書・複本・写し・控えといった意味がある。文書名（大正末から昭和初年にかけておこなわれた調査のさい付けられた）から素直に考えれば、この文書はある人物から天皇に宛てられたもの（の写しまたは控え）と理解されるのである。

さいわい二〇一二年に東山御文庫においてこの文書の原本を閲覧する機会をいただき、

あらためて検討した結果、この文書は三条西実枝が正親町天皇に対して「内奏」したものではないかと推測するに至った。

「内奏状案」と一緒に伝来した文書として、実枝に宛てられた女房奉書案がある。女房奉書とは、天皇に仕える女官が天皇の命令を奉じて書いた仮名書き主体の文書である。これは「内奏状案」とおなじ人物の筆跡であると思う。内容は、前述した実枝子息千世保丸の東大寺別当補任とその後見を実枝に命じるものである。

右の点を前提に「内奏状案」の内容を確認してゆこう。

「内奏状案」の筆者はまず、蘭奢待拝見についての指示は長者宣の計らいではないとする。長者宣とは藤原氏の氏長者《うじのちようじや》が発給する命令文書のことである（ちなみに当時は関白二条晴良）。天皇が長者宣によって事を進めようとしたことが諫止されたので、最終的に実際出されるまでには至っていないと思われる。

後半にも書かれてあるように、「内奏状案」の筆者は、正倉院は勅封であるので勅使、すなわち天皇の命によってしか開かれない倉であるにもかかわらず、氏長者を介して藤原氏の氏寺である興福寺を通しておこなおうとした点に問題があると指摘している。

次に、出された女房奉書について、筆者が思いもしなかった文章（「覚悟の外なる御文言」）、分別が足りない文章（「御文章のうつつなさ」）だと強く批判している。推測するに、

「内奏状案」の筆者に対して示された女房奉書にそうした問題点があったため、筆者はそれを難じたのではあるまいか。

ところがいま残る実枝宛の女房奉書案に「覚悟の外」「うつつな」い点は見受けられない。したがっていま残るものは、宛てられた実枝自身が最初の女房奉書にそうした難点を見いだしたため、文案をみずから書いて天皇に示した案文なのではないだろうか。批判こそしているものの「御文言」「御文章」と相手に敬意を払った書き方をしているから、天皇が臣下に出したのでなく、その逆だと考えたほうがよい。女房奉書案と「内奏状案」双方の筆者を実枝と推測した理由のひとつである。

さて「内奏状案」には重要な文言がある。いま公家一統にと政務をおこなおうとしている事の始めからこれでは困るというのである。「公家一統」というのは、堀新氏が提起する「公武結合王権」の鍵となることばでもある。そのあとで蘭奢待拝見のような大事については天下に憚《はばか》りのあることなので、何人かと相談したうえで文書を出すのすら文言に気をつけなければならないとしていることから考えれば、意味としてはそのように公家たちへ相談(「おのおのにたずねられ」)して物事を決めるようなやり方であろう。

内奏状案は日付や差出・宛名といった基本的な情報をまったく欠いている。もし実枝本人によるものでよいということになれば、本文書は「案」でなく、正文《しょうもん》ということになる。とにかく実枝は正倉院開封にあたっての天皇のやり方に分別のなさを感じて危機感を抱き、口で申し上げたら言いたいことをすべて伝えられない恐れがあるとして、天皇への諫言を「わくわくと」文字に書きあらわしたのだ。

天正二年から三年にかけて書かれたとみられる実枝の書状がほかにもいくつか残っており、そこには朝廷を支える考え方を示した信長への期待と、その反面での天皇に対する批判が散見される。信長への期待についてはこれまでの研究でも注目されてきた。そのいっぽう、天皇に対する批判のほうは見過ごされてきたというのが実情である。

元亀四（天正元）年に義昭を追放し天下人となった信長によって、天正二年における譲位申し沙汰が約束され、朝廷でも信長に対する期待が高まっていた。結果的にそれは履行されなかったが、そのなかで起きた蘭奢待拝見の要請をきっかけのひとつとして、実枝は天皇に対して強い懸念を抱くようになった。なぜそんなことになってしまったのか。章をあらためて、三条西実枝という一人の公家の目をとおして天正二年という年を眺めなおしてみることにしたい。

第四章　まぼろしの公家一統
——天正二年

三条西実枝画像（東京大学史料編纂所所蔵模写　二尊院原蔵）

「公家一統」への期待

織田信長が天正二年に上洛したとき、前年末に「来春」の譲位「申し沙汰」が約束されていたので、朝廷では彼の上洛に強い期待を寄せたはずである。

ところが上洛中信長がとった行動で目立つのは、前章で述べた奈良下向（蘭奢待切り取り）以外で言えば、奈良下向前後に宿所の相国寺《しょうこくじ》において大々的に茶会を開いたり（『今井宗久茶湯書抜』『天王寺屋会記』等）、五月一日の賀茂《かも》別雷《わけいかづち》神社における足汰《あしぞろえ》を見物する（『賀茂別雷神社文書』）、同月五日の賀茂《かも》競馬《くらべうま》に愛馬を提供して走らせる（『信長記』）など遊興的行為ばかりである。そのあげく、遠江高天神城の危急を知らせる一報を受け、その月のうちに岐阜へ帰ってしまった。譲位が空手形に終わった事情は、第二章で述べたとおりである。

朝廷が信長に期待を寄せていたことは、ここまで何度か登場した公家三条西実枝の発言によっても知られる。信長が三月に上洛した頃、彼が醍醐《だいご》寺《じ》理性院《りしょういん》の院主尭助《ぎょうじょ》に宛てた書状のなかで、このとき信長が「公家一統の政道を五〇〇年以前のごとく申しおこなう」という存念を示したと書いていたのである。

この実枝書状は古くから知られていたもので、右に引いた文言はかつて渡辺《わたなべ》世祐《よすけ》氏によ

永正 8 年（1511）	
8 月 4 日	三条西実枝誕生。
永正 14 年（1517）	
5 月 29 日	方仁（正親町天皇）誕生。
天文 21 年（1552）	
3 月	実枝、駿河に下る。
弘治 3 年（1557）	
10 月 27 日	正親町天皇践祚。
永禄元年（1558）	
8 月	実枝、帰洛する。
永禄 2 年（1559）	
5 月	実枝、再び駿河に下る。
永禄 12 年（1569）	
6 月	実枝、帰洛する。
11 月	実枝、岐阜に滞在し、信長より 3000 疋を贈られる。
天正 2 年（1574）	
1 月 7 日	京都に光物現るにより、朝廷、伊勢神宮に祈禱を命じる。
3 月 4 日	星月を犯すにより、朝廷、伊勢神宮に祈禱を命じる。
3 月 17 日	信長、上洛する。
(この頃)	実枝、理性院堯助に「公家一統」のことを報じる。
3 月 18 日	信長、従五位下に叙爵され、昇殿を許される。
3 月 24 日	信長、相国寺において茶会を催す。
(23〜26 日)	実枝、天皇を諫める内奏状を出す。
3 月 27 日	信長、奈良に下向する。
3 月頃	禁中紫宸殿に怪異あるにより、朝廷、理性院堯助に祈禱を命じる。
4 月 1 日	信長、京都に戻る。
4 月 3 日	信長、相国寺において茶会を催す。
5 月 1 日	信長、賀茂別雷神社の足汰を見物する。
5 月 5 日	信長、賀茂別雷神社の競馬に愛馬を走らせる。
閏 11 月 27 日	伊勢祭主藤波慶忠の犬が内裏殿上を走る。
12 月 11 日	実枝、堯助に書状を送る（「君臣合体の時節」)。
(この間)	実枝、堯助に書状を送る（「御慎みに及ばず」)。
12 月 21 日	実枝、堯助に書状を送る（「上一人の御覚悟にて」)。

天正3年（1575）	
11月4日	信長、権大納言に任ぜられる。宣下上卿実枝。
12月	実枝、岐阜へ下る。
天正4年（1576）	
3月	実枝、帰洛する。
4月	実枝、安土に下る。
6月	実枝、下野佐野宗綱の任官御礼として四人衆とともに金半枚を贈られる。
9月	信長より朝廷への献上物を実枝が取り次ぐ。
11月	信長、神泉苑を東寺に還付する。実枝がこれを伝達する。
	仁和寺任助入道親王、実枝を通じて醍醐寺僧深増の赦免を信長に請う。
天正5年（1577）	
4月	実枝、安土と京都を往復する。
7月	実枝、出羽安東愛季の叙爵上卿を務める。
10月	維摩会段銭賦課につき、大乗院尋憲、実枝を通じて信長に朱印状を請う。
天正6年（1578）	
4月9日	信長、右大臣・右大将を辞す。実枝が長橋局へ伝達する。

第四章関係年表

って「信長の復古政治」を示す表現として取りあげられた。「勤皇家」信長が、五〇〇年以前の院政時代の頃の政治体制へ回帰することを構想していたというのである。近年ではそうした考え方はなくなったけれども、朝廷と信長権力が協調的関係にあることを示す象徴的語句が「公家一統」であるとして、あらためて脚光を浴びている。

「公家一統」のことばは前章でも登場した。しかもそれは、おなじ三条西実枝が書いた内奏状案であった。そこでは天皇に対する厳しい諫言とともにこのことばが使われていた。実は堯助宛の実枝書状においても、天皇に対する批判的文章が垣間見えるのである。

天正二年という一年は、信長による「公家一統の政道」に期待が寄せられていた反面、第二章で述べた軍事的緊張以外にも、天変などさまざまな災異が起こり、朝廷社会を不安に陥れていた。実枝はそれに直面したときの天皇の対処に大きな不満を抱き、ゆくすえに危機感を抱いていた。この実枝の懸念は、翌年・翌々年に朝廷に持ちこまれたあらそいに関する対応にあらわれる（詳しくは第六章参照）。

本章では、「公家一統」ということばによって三条西実枝が信長に対して抱いた期待の中味を見きわめると同時に、実枝が具体的に天皇の何に不満をもっていたのかを見てゆきたい。

三条西実枝の「公家一統」発言

まず実枝による「公家一統」発言が、いつ頃、どのような脈絡から語られていたのかを確かめることにしよう。

前章で取りあげた内奏状案では、「いま公家一統にと政務をおこなおうとしている事の始めから、このような心構えでいては、ゆくゆくは一大事になることと思いやられます」と書いていた。信長の奈良下向直前、子息千世保丸が東大寺別当に任じられるという時期に認められたと思われるので、三月二三日から二六日あたりまでのことと推測される。つまりこの頃、ちょうど「公家一統」の政務に着手されて間もない、もしくはこれから着手しようという段階であったことがわかる。

次に堯助宛書状であるが、こちらも日付が記されていない。内容から書かれた時期を推測すると、信長が上洛した一七日直後である可能性が高い。

「公家一統」のくだりは次のような文脈で登場する。「今度の御祈の儀について、あなたが意を尽くしてお勤めになったことを承りました。そうしたところ、信長が『公家一統の政道』を五〇〇年以前のごとく申しおこなうという存念を示しました。これは結局あなたの御祈の効果によるものだと感激しております」。「公家一統」の箇所を原文で示せば、「然処信長公家一統之政道如五百年以前可申行之由存寄候」である。

ここに登場する「御祈」というのは、毎年正月醍醐寺理性院において修されていた国家鎮護の祈禱である太元帥法《だいげんのほう》を指すと思われる。ただし戦国時代において太元帥法は、実施されなかったり、太元護摩《だいげんごま》という略儀でおこなわれることがほとんどだった。これも朝廷の経済的困窮が原因のひとつだろう。天正二年も例に漏れず太元護摩として修されていた。しかも期日は正月から三月に延期された。日にちは八日から一四日までの七日間である（『続史《ぞくし》愚抄《ぐしょう》』）。祈禱を修する導師は、理性院主たる堯助である。

それを念頭に置いていま一度右の堯助宛書状を見てみると、実枝は、堯助が修した太元護摩の祈禱のおかげで、信長が「公家一統の政道」を五〇〇年以前のごとく申しおこなうという存念を示してきたと、堯助に感謝しているのである。

天正二年は公家の日記がほとんど残っていないため動向がわかりにくいが、おそらく信長上洛直後、公家たちは宿所である相国寺に挨拶に出向いたものと思われる。実枝もそのなかにあって、信長から「公家一統の政道」の意向を聞いたのではあるまいか。

ふたつの「公家一統」の文書のうち早いのは堯助宛書状のほうになる。上洛直後に信長からその意向を聞き、実枝は堯助による太元護摩のおかげと感激し書状でそれを伝えた。ところがその直後、蘭奢待切り取りをめぐる天皇のいい加減な対応に「公家一統の政道」の事の始めからこれでは困ると苦言を呈することになったのである。

「公家一統」の意味

前述のようにこの堯助宛実枝書状は、かつて渡辺世祐氏によって信長が「五〇〇年以前」の院政時代（鳥羽《とば》上皇の時代）を理想とする〝復古政治〟をめざしていた根拠とされた。

最近では信長と朝廷との関係を協調的と見る研究潮流のなかでこの書状が注目されている。堀新氏は、この時期の政治のあり方をめぐる持論である「公武結合王権」を象徴的に示すことばとして「公家一統」に注目した。その意味は、「朝廷が一つにまとまること」

「再び公家衆が一つになって朝廷が回復すること」「朝廷再建」であると指摘する。「一統」ということばから連想されるのは「天下一統」という四字である。これはしばしば「天下統一」とおなじ意味として用いられる。このばあい「一統」は「一つにすべ合わせること」を意味する。ただしそれだけでなく、たとえば「あることひとすじにまとまること」といった語釈もある（『日本国語大辞典第二版』）。「公家一統」の「一統」は後者の意味合いだろう。堀氏の理解も同様であると思われる。

ここでひとつ注意すべきことがある。わたしの推測が正しければ、この時期の史料に登場する「公家一統」のことばは、いずれも三条西実枝によって書かれた文書に登場するということだ。五〇〇年以前のごとく云々という言いまわしも、実枝を介して伝わっている。

したがって「公家一統の政道」ということばが実際に信長の口から発せられたとはかぎらない。三月に信長が上洛したとき実枝は、信長から今後の朝廷政治のあり方に関する方針を聞いた。その内容が「公家一統の政道」であり、「五〇〇年以前のごとく申しおこなう」ものだと実枝は解釈し、そう表現した可能性がある。

もちろん信長が実際「公家一統」ということばを発した可能性を否定するわけではないけれども、これ以上のことは史料から解決できない。問題は、表現云々でなく、このとき信長が実枝に「存じ寄」せた政治方針がいかなる内容であり、どの程度の具体性を持っていたのかということになるだろう。

五〇〇年以前のごとくということで、それに該当する院政時代の連想から、前年末以来の懸案となっていた譲位が含まれることは予想することができる。ただし「公家一統」のことばの中味が譲位だけで満たされているとも思えない。譲位だけなら、たんに譲位と表現するはずだからだ。もう少しほかの要素も含まれていたはずである。

内奏状案では、天皇に対し、「たとえ深く御考慮をなさったとしても、この問題は世間の目に注意しなければならないことであり、何人かと相談したうえで文書を出す場合にせよ、文言に気をつけなければならない」（原文は前章参照）と書いている。「公家一統」の方針からかけ離れた判断を下した天皇をたしなめている文脈だから、これも前章で述べたとおり、実枝は「公家一統」に「何人かと相談したうえで文書を出す」という方法を含めていたと考えてもまちがいにはなるまい。独断でなく公家たちと談合して決めるべきということだろう。

天正二年には、この三月の書状のほかにも実枝が堯助に宛てて出した書状がいくつか確認されるが、そのいずれにも、せっかく「公家一統」に向かうべき時世であるにもかかわらず天皇がしっかりしないとため息をつく様子がうかがえる。このような実枝の嘆き節の原因と、そこから浮き彫りにされる実枝の「公家一統」像について、もう少し天正二年のできごとをたどりながら堯助宛の実枝書状を読みこんでゆきたい。

実枝の立場

そもそも三条西実枝とはどんな人物だったのだろう。

実枝は永正八年（一五一一）に生まれた。正親町天皇は同一四年生まれだから天皇の六歳年長にあたる。はじめは実世《さねよ》と名乗り、のち実澄に改名する。天正二年当時六四歳で官位は正二位権大納言。現役公家のなかでも長老といってよい立場にあった。この年一二月に実枝と再改名する。

実枝の父方の祖母、天皇の父方の祖母と母方の祖父（外祖父）がいずれも公家勧修寺家出身のきょうだい同士にあたるので、実枝と天皇は又従兄弟の関係になる。ちなみに堯助は天皇の宮女《きゅうじょ》である新大典侍局《しんおおすけのつぼね》（誠仁親王生母）の兄弟にあたり、これまた実枝とは又従兄弟となる（関係系図1参照）。堯助の生年は不明であるが、実枝や天皇よりは年少であったのではないだろうか。

実枝は祖父実隆《さねたか》・父公条《きんえだ》の学芸的才能をよく受け継ぎ、当代随一の歌人・文化人として知られる存在であった。天正三年一二月頃に堯助に宛てた書状のなかで彼は、五歳から父

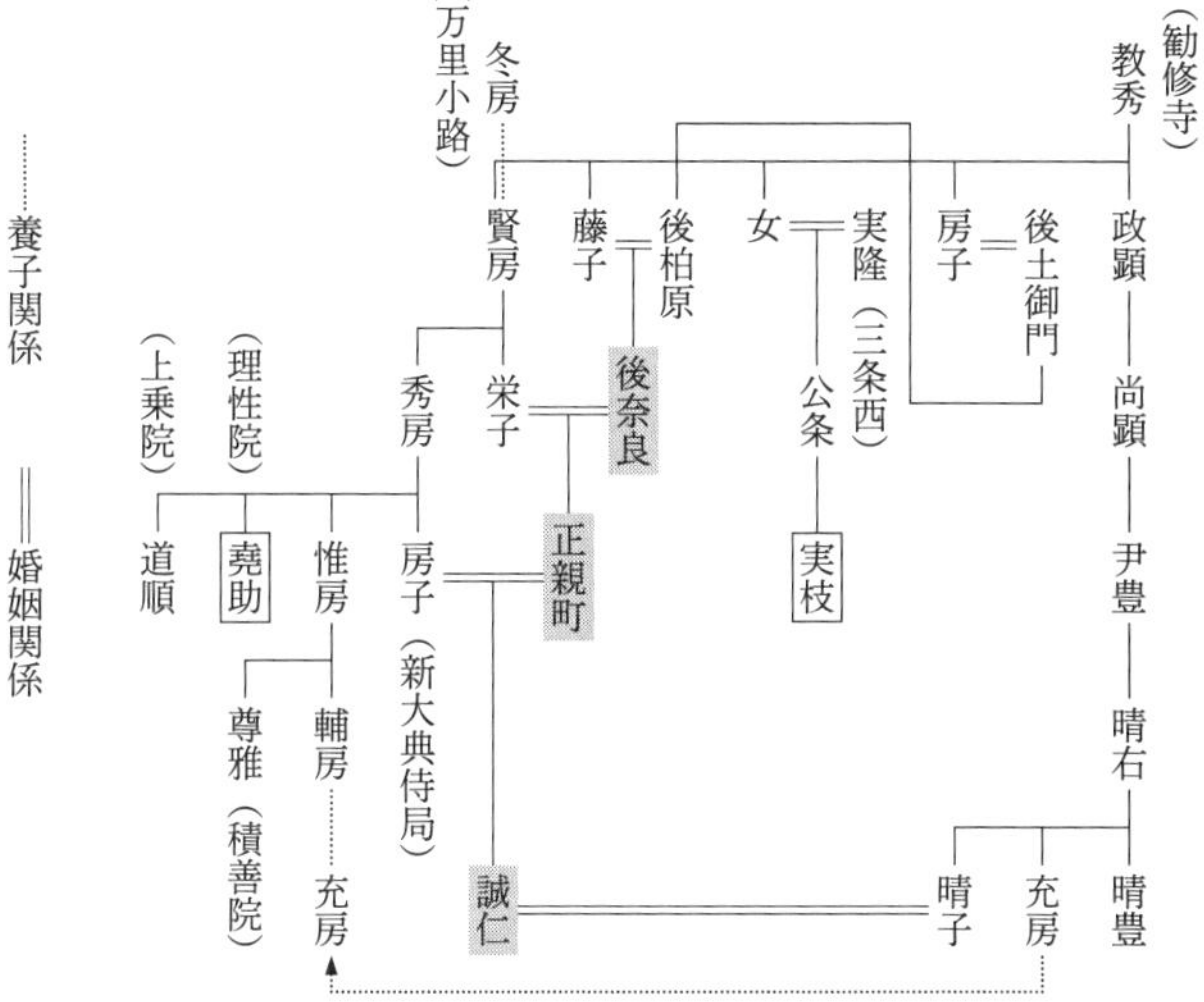

関係系図1

について読書をはじめ、七歳で四書をすべて読み終えたと告白している（『醍醐寺文書』）。これが当時の公家の一般的な教育水準なのか、実枝の優秀さや早熟さをあらわすものなのかは不明だが、ともかく父公条からこうした教育を受けたのである。

　彼の業績のなかでもとりわけ著名なのは、古今和歌集解釈の秘奥を相伝する「古今伝授《こきんでんじゅ》」の継承者としての立場だろう。祖父実隆・父公条から実枝へと受け継がれた古今伝授は、彼から細川幽斎《ほそかわゆうさい》（長岡藤孝）へと授けられた。実枝が藤孝に伝授をおこなった時期は、まさしくいま問題となっている天正二年、藤孝が多聞山城在番のための奈良滞在中、実枝が春日祭上卿として奈良に下った時期なのであった。

ところで実枝は、天文二一年（一五五二）から永禄元年（一五五八）の足かけ七年にわたり駿河《するが》に暮らしていた。戦国時代には、経済的に困窮した公家が、廷臣としての役目を放棄して京都を離れ、地方にある自分の所領に下ったり、婚姻などによってむすばれた関係を頼って地方大名のもとに身を寄せたりする「在国《ざいこく》」という現象がよく見られた。実枝が寄寓した駿河の大名今川義元《いまがわよしもと》は、実枝の夫人の父正親町三条公兄《おおぎまちさんじょうきんえ》の従兄弟にあたる。

正親町天皇はこの間弘治三年（一五五七）に践祚しており、実枝はその翌年久しぶりに京都へ帰ってくる。ところが一年足らずでふたたび駿河へと舞い戻り、それからさらに一〇年間滞在しつづけた。しかしながら義元は桶狭間《おけはざま》の戦い（永禄三年）にて信長に討たれ、今川家は衰勢に向かう。

義元という主柱を失った今川領国をめぐる今川氏真《いまがわうじざね》・武田《たけだ》信玄《しんげん》・徳川家康のあらそいのなか、永禄一二年になって実枝は一時甲斐に滞在したあと、ようやく帰洛する。信長が義昭を擁して上洛したのはその前年のことだから、彼の目に、様変わりした京都の様子はどのように映っただろうか。結局彼は、天皇の践祚以降、義昭・信長上洛に至るまでの期間、ほとんど京都にいなかったことになる。天皇に対する批判的なまなざしは、このような経歴によって培われたのかもしれない。

信長と実枝

いま述べた実枝の古今伝授や駿河在国といった事跡は、おもに歌人・文化人としての活動に注目した日本文学の分野における研究によって明らかにされてきた（井上宗雄『中世歌壇史の研究　室町後期』など）。しかしながら、蘭奢待切り取りや「公家一統の政道」発言など、信長の行動を考えるうえでも鍵を握る人物なので、政治史的にももっと追究されてしかるべきである。

そのなかで手がかりになるのは津野倫明《つのともあき》氏による「五人の奉行」に関する指摘である。「五人の奉行」については第六章において詳しく論じるつもりだが、天正三年に起きた「絹衣相論」がきっかけで、その年六、七月頃、朝廷に提訴されたもめごとを討議する「五人の奉行」が設置された。彼らは朝廷と信長のあいだのつなぎ役である伝奏《てんそう》も兼ねていた。実枝もその構成員のひとりであった。ところが老齢などを理由として、数ヵ月後の一一月頃には早々に離脱しており、その後実枝を除いた面々が「四人の奉行」「(伝奏) 四人衆」などと呼ばれるようになった。

これにより実枝は朝廷政務の表舞台から一歩退き、また信長とも疎遠になったかといえば、まったくそうではない。むしろその逆を示すような史料が多く見られる。

「五人の奉行」から離脱した直後、天正三年の一二月末には岐阜へ下向し、翌年三月頃まで長期間滞在している（『兼見卿記』『言継卿記』『春日社司祐礒記』）。宮廷歌壇の中心であった実枝が京都にいないため、天正四年正月一九日に予定されていた毎年恒例の禁裏和歌御会始が延期になったほどだ（『御湯殿上日記』）。

その後もおなじ年の四月にふたたび安土（すでにこの時点で信長の拠点は岐阜から安土に移されていた）におもむいたり、翌天正五年の四月頃にも安土と京都のあいだを往復していることが史料からうかがえる（『御湯殿上日記』）。

また信長と朝廷をつなぐ役割についても重要な立場を維持している。天正三年一一月に信長が権大納言・右大将に任じられたさいには、宣下の上卿（責任者）として中心的な役割を果たし、信長が任官の御礼を天皇に述べるときの名代を務めた（『信長記』）。

おなじ月に信長嫡子信忠が秋田城介《あきたじようのすけ》に任じられるにあたり、それまで空席であった陸奥《むつ》出羽按察使《でわあぜち》に任ぜられ、やはり上卿となって古代以来の正式な任官文書である太政官符が発給されている。実枝が上卿になったのは織田家とのつながりの強さも関係したにちがいない。

官職のことで言えば、天正六年四月に信長が右大臣を辞したとき、実枝が天皇に対する伝達役になっている（『総見寺文書』）。信長の官職についてくわしくは第五章・第七章にて述べたい。

信長から朝廷に贈り物が献上されるときも実枝を介してなされることがあった（『御湯殿上日記』天正四年九月一六日・一九日条など）。朝廷と信長とのあいだのやりとりが実枝を媒介としておこなわれることはよくあったのである。天正四年一一月に洛中神泉苑《しんせんえん》が信長から東寺《とうじ》に還付されたさい、天皇は実枝に対して東寺へ祈禱怠りなきよう伝達せよと命じていたり（『東寺神泉苑文書』）、おなじ月に絹衣相論のさい処罰された醍醐寺僧深増《しんぞう》の処分解除を仁和寺《にんなじ》宮任助《にんじょ》入道親王が信長に求めたときには、実枝を通じて申し入れがなされている。

天正五年一〇月に開催された興福寺の法会維摩会《ゆいまえ》にあたり、講師という法会の重要な役目を担うことになった大乗院門跡尋憲は、その経費をまかなうために大和国内に段銭《たんせん》という臨時税を賦課しようとするが、円滑な収納を保証してもらうため信長に朱印状の発給を要請した。そのさい尋憲が頼ったのは実枝であった（『大会方日記』）。つなぎ役であるうえ、実枝を介して信長に働きかけることが要求実現の近道と考えられていたのだろう。

「五人の奉行」から天正三年一一月頃に離脱したあとも、その職務からまったく無縁になったわけでもないようである。翌四年三月には、残る「四人奉行衆」が連れだって実枝邸を訪れ、何事かの「談合」をしている（『宣教卿記』）。

おなじ年の六月、下野《しもつけ》の国衆佐野宗綱《さののむねつな》が信長の執奏により但馬守《たじまのかみ》の官職に任じられたとき、宗綱から御礼として「伝奏四人衆」へ黄金半枚が贈られている。信長から朝廷への申し入れが彼ら四人衆を媒介にしたからだろう。しかも実枝にも半枚が贈られたとあるので、実枝は「伝奏四人衆」と同様の役割を果たしていたと推測される。

　翌天正五年七月に信長の執奏で出羽の戦国大名安東愛季《あんどうちかすえ》が従五位下に叙されたときも、宣下の上卿は実枝であった。末裔の秋田《あきた》家に、愛季に出された叙位文書である口宣案《くぜんあん》と実枝の副状が伝わっている（『秋田家史料』）。副状には、「安倍愛季の位階について（信長から御執奏があった件で宿老中が談合を加え、すなわち（天皇に）披露しました」とある。「宿老中」は「四人衆」に該当しよう。実枝も「宿老中」に入っているのか、宿老中の談合により叙位の勅許が出たあとに上卿として動いただけなのか定かではないものの、宿老中とともに愛季の叙位に尽力したことはまちがいない。

　以上のように、「五人衆」から離脱しても、なお実枝は伝奏の役割を果たしており、そればかりか信長と朝廷とをむすぶ重要な立場にありつづけたことがわかる。

　このような二人の関係は、信長が天下人となった天正元年以前からすでにある程度構築されていたと思われる。永禄一二年（一五六九）一一月、公家山科言継《やましなときつぐ》が、丹波国にある禁裏御料所の年貢収納を斡旋してくれるように信長に求める使者として岐阜に下ったとき、実枝も別の用件でおなじく岐阜に滞在していたようである（『言継卿記』）。

実枝の用向きは不明だが、岐阜を離れる前に言継が信長から二〇〇〇疋の銭を贈られたのに対し、実枝は三〇〇〇疋を贈られているから、やはり経済的な支援を信長に求めるためにやってきたのかもしれない。それまで何の人間関係もない相手にいきなり三〇〇〇疋(約三〇〇万円)の援助をするとも考えにくいので、すでにこの時点で信長と実枝のあいだには何らかの交流があったと考えられるだろう。

以上のような信長・実枝二人の関係を考えるとき、天正二年の上洛時に信長から実枝に対して「公家一統の政道」構想が語られたこともじゅうぶん納得がゆく。さらにその後の対面機会も含めて考えれば、実枝が抱く朝廷の危機意識が吐露され、それが信長にも共有された可能性もあるのではないだろうか。

怪異つづきの天正二年

実枝が天皇の行動を憂えた直接のきっかけは、天正二年に打ちつづいた〝怪異現象〟であった。

正月七日の日暮れ頃、大きな傘ほどの「光物《ひかりもの》」が飛び渡り、天地をかがやかせた(『永禄以来年代記』)。何らかの天文現象なのだろうが、前近代社会においては怪異とされ禳災《じょうさい》の対象となった。「天象の変異尋常ならざる」により、朝廷は伊勢神宮に対し七日間の祈禱を命じた（『資定卿記』）。

三月四日には「星月を犯す」（いずれかの惑星が月を蝕したのだろう）という現象のため、これまた伊勢神宮に「天変御祈」が命ぜられる（『資定卿記』）。

次はおなじ三月頃のうわさ話。内裏紫宸殿《ししんでん》の殿上に不審な唐櫃が置いてあり、動かそうとしてもびくともしなかった。そこで蓋を開け覗くと中は血に満たされ、首が三つ入っていたという。また、夜な夜な光物が空を飛び、五、六歳ほどの子どもが紫宸殿や清涼殿《せいりょうでん》の屋根に飛び上がるのが目撃された。驚いた朝廷は、理性院堯助に護摩を焚かせお祓いをさせたという。奈良の大乗院尋憲が書きとめたものである（『尋憲記』）。

こうした〝怪異現象〟は前近代においてはよくあることだから、とりたてて天正二年が特別に多い年だったとまでは言えないだろう。よくあることというのは、異常気象やそれにともなう災害、また天文現象を尋常ならざることと恐れたり、現代では科学的に説明できるような事件・見聞・噂話を怪異とみなしたりするといった意味である。ただ天変地異などはよく改元の理由とされたように、当時においては為政者の不徳とされた。ゆえに天皇・朝廷としての迅速な対処が求められ、伊勢神宮などに祈禱命令が下された。

さらなる〝事件〟が閏一一月二七日に起きた。よりによって祈禱に携わるべき伊勢神宮祭主藤波慶忠《ふじなみよしただ》の犬（史料には「祭主犬」とあるだけで飼い犬なのかどうかわからない）が内裏の殿上に上がりこみ、一説にはそのまま消え失せたというのである。「怪異もってのほか」「物《もの》怪《のけ》」として、陰陽頭《おんみょうのかみ》土御門《つちみかど》久脩《ひさなが》に占わせたところ、結果は「尋常ならず」「御慎みもってのほか」と出た（『多聞院日記』『資定卿記』）。大凶であり、天皇の物忌みが強く求められたのである。

実枝の憂慮

内裏殿上への犬侵入事件直後の一二月に実枝から堯助に宛てて出された三通の書状が『醍醐寺文書』（第二四函）のなかに残っている。一一日付の書状をかりに書状A、二一日付を書状B、日付のないもの（内容から書状AとBとのあいだに書かれたものか）を書状Cと呼ぶことにしよう。

書状Aでは「禁裏怪災の告げ繁多に候」とある。繁多とあるなかに正月から三月にかけての怪異現象まで含んでいるのかわからないけれども、時期的には犬の事件がその中心を占めていると思われる。このことについて実枝は、「禁裏に怪災の報告が頻繁にあるにもかかわらず、天皇の心持ちにはいつも緩みがあって嘆かわしい。滅亡の時刻到来である。『君臣合体の時節』にちょうどこのようなことが起きて、ただごとではない」と書いている。

書状Cでも、そうした怪災の報告に対し「物忌みをなされないのはただごとでない。さながら滅亡の時がやってきたかのようである」とくりかえし嘆いている。書状Aにある天皇の心持ちの緩み（原文では「御油断」）とは、物忌みをしない（原文では「御慎みに及ばず」）という対応を指しているらしい。陰陽師の勧告を天皇は守らなかったのである。

ただし書状Cを読むと禳災祈禱の命令は出されたようである。ところがそれを命ぜられた堯助は何かの理由を申し立ててこれを断った。実枝は「大廈《たいか》の倒れんとするは一木《いちぼく》の支うる所にあらず」（大勢が倒れようとしているとき一人で支えようとしてもどうにもならない）ということわざを引き合いに出し、堯助が辞退したのはもっともだと述べたうえで、天皇の行動を批判している。常日頃のお祈りをやらないくせに、こういうときだけ慌てて祈禱をさせても効果はないだろうというのである。

このような常日頃のお祈りの怠慢については書状Bにも見える。常日頃のお祈りも天下のためと思ってなさっていれば自分の身も安らかとなるのに、ただ四丁町のなかだけのことお思いでは駄目だと言う。「四丁町」とは、都の町割りのうち四町（約四〇〇メートル）四方の空間を指す。もっともこのばあいは比喩であり、自分の起居している内裏周辺といった意味なのだろう。天下のことを考えず、自分の身のまわりのことだけよければそれでいいという自己中心的な考え方を苦々しく思っているのである。

さらに書状Bでは、右のくだりの前段において、天皇一人の心得違いが万人の身持ちを損なわせるという強い危惧を示している。こうした実枝の天皇に対する不安は、すでに三月の蘭奢待切り取りのときに抱懐されていた。「公家一統の政道」について触れた三月の堯助宛書状のなかで、信長による「公家一統の政道」によって天運が改まり、今後は天皇の判断にて天下のゆくすえが決まると書いていた。

三月の書状にはあからさまな天皇批判の文言こそないものの、一二月の三通の書状を知ると、「天皇の判断にて天下のゆくすえが決まる」という部分に反語的意味合い（これからの世の中は天皇の考え次第なのだが、不安である）を嗅ぎとってしまうのはわたしだけだろうか。

実枝は天皇だけを批判のまなざしで見ていたのではない。傍輩《ほうばい》である廷臣たちにもあやうさを感じていた。たとえば書状Bには「惣別当朝の躰、上下共に不信の故、神事の法度以下一向正躰なし」（総じていまの朝廷は上下ともに不信心なので、神事の取り決め以下のことがまったく機能していない）とある。神事の法度が十全に行き届かない原因として「上下共に不信」という状態をあげている。「不信」の意味はこのばあい「不信心」を指すのだろう。

また書状Cでは、怪災が繁多であるにもかかわらず天皇がこのような状態ではかならず将来何か変事が起こるにちがいない。しかし群臣たちはそれに気づいているふしがない。暗澹《あんたん》たる世の中なのにお気楽なものだ、とも書いている。

実枝はこうした天皇や廷臣たちの現状に対し、つとめて他人事であるかのように突き放している。書状Aでは「愚老のごときは只外国の臣下同然に候」とし、書状Cでは「それがし一切禁裏辺の儀存ぜず候。老屈の徳分と存じ候」とうそぶいている。「外国の臣下同然」ということばには、永禄年間のほとんどを都の外で暮らして帰ってきたあと、正親町天皇の宮廷に対して感じた違和感がまざっているのではないだろうか。

ただ、注意しておかなければならないことがある。前章で取りあげた内奏状案は、実枝から内密に天皇に対し奏上されたものであった。また堯助宛書状は当然ながら理性院堯助という一人の僧侶のみを読み手に想定し認めた私信であった。それらがたまたま後世に伝わり、わたしたちによって歴史史料として読み解かれているのである。このような実枝の考え方はあくまで実枝と天皇、実枝と堯助のあいだのやりとりで表明されたにすぎない。

実枝が群臣たちの鈍感さを危ぶんでいるように、一般的に天皇への不満が蓄積していたわけではなかろう。右に明らかにしてきた実枝の天皇批判を一般化することには慎重でなければならない。この時期に書かれた他の公家の日記を読んでも、実枝は何事もないかのように朝廷行事に参加し、また和歌会では変わらず歌を詠んでいるのである。それらの記事にいくら目をこらしても、行間から不満が立ちのぼってくるわけではない。

とはいえ天正三年から四年にかけて、この実枝の憂慮が現実のものとなったような事件が朝廷に起こる。先にも触れた絹衣相論と興福寺別当職相論である。このふたつの事件における天皇・朝廷の混乱ぶりについては、第六章で詳しく見てゆくことにする。

まぼろしの公家一統

結局、信長が示して実枝がこれを歓迎した「公家一統の政道」は天正二年中に実現せず、まぼろしに終わった。本章の最後に、もう一度「公家一統」の意味するところを考えてみよう。

このことば自体は、たとえば『太平記《たいへいき》』に見える。巻一二「公家一統政務の事」のなかで、後醍醐《ごだいご》天皇が元弘《げんこう》の乱のため流されていた隠岐《おき》から京都に戻り、元弘三年（一三三三）に復位したときの政治状況を指して、「この時賞罰法令ことごとく公家一統の政に出でしかども」とある。

後醍醐天皇の腹心であった北畠親房《きたばたけちかふさ》の著した『神皇正統記《じんのうしょうとうき》』にも、同様の状況を指して「公家スデニ一統シヌ」「タマ〳〵一統ノ世ニカヘリヌレバ」とある。これら『太平記』や『神皇正統記』の用例は、皇統がふたつに分裂していたさなかに登場した後醍醐天皇によって強力に進められた建武新政の政治により朝廷社会が統合されたことを意味し、先に推測した実枝による「公家一統の政道」像とは多少異なる。

もうひとつ、堯助宛一二月一一日の書状Aのなかに、「『君臣合体の時節』にちょうどこのようなこと（犬の紫宸殿侵入事件）が起きて、ただごとではない」とあったことを思い出していただきたい。

これは、内奏状案にあった、「いま公家一統にと政務をおこなおうとしている事の始めから、このような心構えでいては、ゆくゆくは一大事になることと思いやられます」という強い諫言と似たような言い方である。

このふたつを並べれば、実枝は「公家一統の政道」と「君臣合体」をおなじ意味合いでとらえていると考えることができる。天皇と廷臣、あるいは廷臣間における意思疎通の正常化、朝廷がひとつにまとまるといったことである。先に「公家一統の政道」を、独断でなく談合して決めるというやり方を含んでいたとしたが、やはりそういうことであろう。

ところでこの「君臣合体」ということばは鎌倉時代の僧慈円《じえん》が著した『愚管抄《ぐかんしょう》』に見え、この思想が『太平記』に影響をあたえていることが指摘されている。『愚管抄』における「君臣合体」とは、近臣を介さず、君主と摂籙臣《せつろくしん》（摂関）が「魚水合体」のような関係で政治をおこなうことを意味する。

これまた『愚管抄』とまったくおなじ意味合いで実枝が「君臣合体」のことばを用いていたようにも思えないが、一時代前の『愚管抄』『神皇正統記』あるいは『太平記』に流れている儒教的思想を思想的背景にして、実枝は信長の提案を「公家一統」「君臣合体」のようなことばでとらえなおしたのではあるまいか。

実枝は義昭追放以後矢継ぎ早になされた改元や譲位申し入れなど信長の行動に対し強い期待を抱いた。信長も天下人となった以上、義昭がおろそかにしていた朝廷支援（朝廷に油断なく勤めること）がみずからの責務であることを自覚し、その決意を実枝に述べたのだろう。実枝にとって、信長の示した考え方は、「怪災の告げ繁多」「上下共に不信」といった朝廷の憂うべき状況を変えさせるような、一筋の光明だったのである。

とくに経済的な理由で、旧来おこなうことができていたような行事ができず、衰微のただなかにあった朝廷が元の姿を取りもどすために必要とされた考え方が、「公家一統」「君臣合体」という標語としてあらわされたのである。

第五章　天下人の自覚
――天正二年～三年

織田信忠画像（滋賀県立安土城考古博物館所蔵）

節目としての天正三年

天正二年は正親町天皇から誠仁《さねひと》親王への譲位が期待され、それも含むと思われる「公家一統の政道」の考え方が織田信長から表明された年であった。公家三条西実枝はその実現に強い期待を寄せたものの、信長の蘭奢待切り取り要請をめぐる天皇の対応や、この年朝廷周辺に続発した「怪災」への天皇の対処、廷臣たちの無自覚さに大きな失望を抱くことになる。

いっぽう信長のほうも、天正二年には、前年支配下におさめた越前が一向一揆により奪われたことにくわえ、領国美濃や盟友徳川家康の支配下にあった遠江高天神城が武田氏に脅かされるといった争乱状態がおさまらず、それらを鎮静化するための出陣に忙殺され、天下静謐もままならず、「公家一統の政道」どころではなかった。第二章において述べたところである。

そうした状況が好転するのは翌天正三年である。信長はこの年、周囲の争乱状況をある程度解消するとともに、朝廷の政治基盤整備にも力をそそいだ。さらに一一月には従三位・権大納言兼右大将に叙任され、織田家の家督を嫡男信忠に譲るという節目の年ともなった。以下本章ではそれらの経緯と、天正三年という年の歴史的意義を見てゆくことにす

天正2年（1574）	
3月18日	信長、従五位下に叙爵され、昇殿を許される。
閏11月25日	信長、坂井利貞等に命じ、分国内の道路等を修築させる（あわせて岐阜から京都までの道路も整備させる）。
天正3年（1575）	
1月10日	信長、寺社本所領代官の不正を統制する。
2月20日	信長、出羽安東愛季に書状を送り、鷹匠往復の便宜を依頼する。
2月25日	吉田兼見、吉田郷に割り当てられた道路工事を終える。
2月28日	徳川家康、三河長篠城に奥平信昌を入れる。
3月3日	信長、上洛する。
3月14日	信長、公家・門跡衆に米を分配する。
	信長、公家・門跡衆の借物に対する徳政令を発する。
5月21日	長篠の戦い。信長、村井貞勝宛に戦果を報告する。
5月23日	貞勝宛の信長朱印状が届き、天皇に披露される。
6月13日	信長、上杉謙信に長篠の戦勝を伝える。
6月末	三条西実枝、理性院堯助宛書状にて「北辺出馬」と帰陣後の「諸家再興」予定を伝える。
7月3日	朝廷、信長に官位をあたえようとするも信長は辞退し、家臣たちに官途・名乗りをあたえる。
8月14日	朝廷、越前攻めの勝利を祝し、勅使を派遣する。
8月17日	信長、貞勝に越前攻めの戦果を報告する。
10月13日	信長、上洛する。
10月25日	信長、伊達輝宗に長篠・越前攻めの戦勝を伝える。
11月3日	実枝、陸奥出羽按察使を兼ねる（年内に辞す）。
11月4日	信長、権大納言に任ぜられる（消息宣下）。
11月6・7日	信長、公家・門跡衆に新知行を給付する。
11月7日	信長、右大将に任ぜられる（陣儀）。信忠、秋田城介に任ぜられる（太政官符）。
11月14日	信長、武田勝頼が岩村城支援の軍勢を派遣した一報を受け、京都を発ち、翌日岐阜に到着する。
11月24日	信忠、岩村城を陥れ、岐阜に帰る。
11月28日	信長、小笠原貞慶に長篠・越前攻めを報じ、彼を仲介として田村清顕・佐竹義重・小山秀綱に武田攻めの協力を要請する。
	信長、織田家の家督を信忠に譲る。

天正４年（1576）	
５月３日	大坂本願寺攻めにおいて原田（塙）直政討死。
５月５日	信長、本願寺攻め支援のため京都から出陣する。
５月７日	信長、本願寺を攻め、足に負傷する。
５月８日	信長、貞勝に本願寺攻めの戦果を報告する。

第五章関係年表

る。

道路の整備

天正二年九月に長嶋の一向一揆を殲滅し岐阜に帰った信長は、年内はそのまま岐阜にとどまって、家康の所領である三河吉良へ鷹狩におもむこうとするなど（『彰考館所蔵文書』）、兵を休めていた。おなじ頃、長嶋攻めにはくわわらず、別働隊として河内を転戦していた明智光秀と長岡藤孝は、光秀の居城のある近江坂本城から雪の琵琶湖へ船を浮かべ、連歌に打ち興じている（『大阪天満宮文庫所蔵連歌集』）。信長の周辺は一時的な小康状態にあった。

とはいえ翌春（天正三年）の上洛もすでに予定されていた。第二章でも触れたが、大和法隆寺の寺僧集団間に起こった所領をめぐるあらそいでは、双方が信長の朱印状を得るため運動をおこなっている。そのとき窓口となっていた家臣塙直政が、いっぽうの集団に対し、信長自身によるあらそいの糺明は来春上洛した時におこなう予定であることを回答している（『法隆寺文書』）。

信長は閏一一月に家臣坂井利貞《さかいとしさだ》らに命じ、領国尾張国内の道路や橋などを修築させている（『坂井文書』）。『信長記』によれば、険しい道を平らにして石を取り除き、道幅を三間半（約六・四メートル）として道路脇に松や柳を植栽し、人びとによって水が撒《ま》かれるなどしてきれいに掃き清められたという。

道路修築は領国内にかぎらない。岐阜から京都に向かう道路もおなじように整備されている。この工事では二万人の人夫がかり出され、田んぼなどを埋めて道路を作ったため、岐阜・京都間がそれまでとくらべ三里（約一一・八キロメートル）短縮されたという（『松雲公採集遺編類纂』）。

これは安土城ができてからの話だが、イエズス会宣教師ルイス・フロイスはこの道路について次のように書いている。

この安土の市《まち》から都まで陸路十四里の間に、彼は五、六畳《タタミ》の幅をもった唯一の道路を造らせ、平坦で、真直ぐにし、夏には陰を投ずるように両側には樹木（松と柳）を植え、ところどころに箒《ほうき》を懸け、近隣の村から人々はつねに来て道路を清掃するように定めた。また彼は全道のりにわたり、両側の樹木の下に清潔な砂と小石を配らせ、道路全体をして庭のような観を呈せしめた。（『フロイス　日本史4』第三二章）

今川義元の子氏真は、領国駿河を逐われたあと、北条《ほうじょう》氏や徳川氏のもとに身を寄せていたが、『信長記』によれば、天正三年三月頃上洛して信長らと蹴鞠《けまり》に興じていることがわかっている。このときの様子を綴った歌日記が残されており（『今川氏真詠草』）、四月下旬頃三河国境あたりが騒がしくなっているという噂が耳に入り帰途についたとき、この新道（今道《いまみち》）を通ったらしい。「今道今度作《つくり》て、こえ安くなれり」と書いている。

京都近郊では、所司代村井貞勝の指揮のもと、周辺住民を動員して工事が進められた。天正三年二月二六日に予定されている信長上洛前に竣工せよと命ぜられ、かなりの突貫工事をおこなったようだ。京都吉田神社神主の吉田《よしだ》兼見《かねみ》（当時兼和《かねかず》）は、所領吉田郷に割りあてられていた工区を上洛予定日前日の二五日になんとか完成させ、まだ完了していない他の工区を手伝っている（『兼見卿記』）。

じっさい信長が上洛してきたのは三月三日であったが、これら道路の修築は、信長が天下人として岐阜・京都間の移動を迅速におこなうことができるようにするための基盤整備だったにちがいない。なにかあったときにすぐ京都に駆けつけることができるように、あるいは逆に岐阜に帰ることができるようにするため。こうした措置は、信長に天下静謐維持の自覚があったからこそであり、それが天正二年末から三年はじめにかけてなされた点は注目してよいと思われる。

公家衆への経済支援

信長は天正三年に入って早々京都の公家衆や寺社に対する経済支援策にも着手している。寺社本所領と呼ばれる公家や寺社（伊藤真昭氏は門跡に限定する）の所領（荘園）について、不当な手続きによって代官と称して押領したり、年貢を納めないなどの不正をおこなうことをやめさせて彼らの職を解き、きちんとした手続きで任命された代官によって所領支配をおこなうようにという指示を出した。

この指示は、当時の京都支配を担っていた所司代村井貞勝と明智光秀のほか、寺社本所領の末端で実際に経営に携わっていた雑掌《ざっしょう》という立場の人間たちにも出されている（『立入文書』『壬生文書』）。しかしこの命令は文書として出されはしたが、そこに書かれてあるような状況を全面的に解決するための強制力に欠けていたようであり、有効であったようには思われない。

それもあってか、次の手だてとして、三月に上洛した直後、信長はまず公家・門跡衆に米を分配している。たとえば前権大納言中山孝親には五石、その子蔵人頭《くろうどのとう》左中将親綱や蔵人右中弁《うちゅうべん》中御門《なかのみかど》宣教《のぶのり》には各三石、局務（大外記）中原《なかはら》師廉《もろかど》・官務（左大史）壬生《みぶ》朝芳《ともよし》には各二石が配られた（『中山家記《なかやまかき》』『宣教卿記』『大外記中原師廉記』）。

これを見ると、家ごとでなく人単位であり、また身分によって差がつけられていることがわかる。『中山家記』には「堂上《とうしよう》・地下《じげ》悉く《ことごと》」とあるので、昇殿資格のない下級官人たちにもあまねく支給されたらしい。当時の算用状（収支決算書）にある換算率によれば米一石は銭約一貫文（一〇〇疋）に該当する。いまでいえば一人あたり数十万円前後の一時金といったところだろうか。

もちろんこのような一時金支給だけでは根本的な解決にならないことは明らかであり、このとき一緒に徳政令も出されている。徳政令とは、過去に取り交わされた売買・貸借・寄進などの契約を破棄したり、一定の条件をつけて逆にその継続を認めたりする法令である。

乱暴に言ってしまえば借金の帳消し、質物の返還を指すが、このとき信長から出された法令をもう少し詳しく見ると、「諸門跡・諸公家衆借物方、同じく預状、あるいは祠堂銭ならびに替銭《かえせん》由緒の族《やから》、あるいは商売の下銭《さがりぜに》」が帳消しの対象となっている（『中山家記』）。諸門跡・公家衆が負っている借物、預状という文書のかたちで交わされた借り入れ、寺院から借り入れた祠堂銭、支払いを約束する手形を振り出して借りた銭、物品を先に受け取って後払いを約束していた案件（掛売代金）など諸種の債務を「徳政の新法」にまかせて破棄するというのである。

下村信博《しもむらのぶひろ》氏の研究によれば、この法令が出されたことによって、公家が過去に売却した所領、何らかの事情で不知行になっていた所領などが実際に返還の対象になったことがわかっている。ある例では、五九年前に売却した土地すら取り戻されようとしていた。

法令のとおり公家に返された所領があるいっぽう、中世における土地支配独特の田畠に賦課される租税徴収に関係した権利が複雑に設定されている土地も多く、単純に返還するだけではすまない案件も目立った。実施を強行するわけにもゆかず、当事者間の話し合いにより何らかの取り決めがなされ、その時点での支配者がそのまま支配の権利を維持することもあった。また信長権力による裁定にゆだねられた係争もあった。結局徳政令もまた公家門跡の経済支援には限界があったと下村氏は論じている。

徳政令の限界を早々に見切ったゆえか、当初から予定されていたのかはっきりしないけれども、理性院堯助に対して三条西実枝がこの年六月末頃と推定される時期に出した書状のなかに、信長の「北辺出馬」、つまり越前一向一揆攻めが予告されており、その帰陣後に「諸家再興の由」が申し定められていると書かれている（『砂巌』）。『信長記』に徳政令を指して「主上《しゆじよう》・公家・武家共に御再興」とあるが、このばあいの「諸家再興」も公家への支援策を意味しよう。

越前一向一揆を殲滅したあと、天正元年の失敗をくりかえさぬよう現地支配の体制を入念に申し付け、いったん岐阜に戻った信長が再上洛したのは一〇月一三日のこと。この上洛中の一一月六日・七日に、公家・門跡に対するあらたな所領の給付がおこなわれる。これが先の三条西実枝書状にある「諸家再興」策を指すと考えられる。所領給付は六月末の時点で予定されていたのである。

これまた下村氏によれば、両日に発給された所領給付の朱印状は四十数例確認されている。もともと公家領であった京都近郊の土地が戦乱の過程で室町幕府に没収されており、義昭追放後それらを獲得した信長によって給付された。公家の旧領はもとの持ち主にそのまま返還されたのではなく、信長の意図に沿ってあらたな所領として再編成・再配分されたという。

以上のように、天正三年には公家・門跡の経済支援策が打ち出された。それらは所領支配の安定化という方向で段階的に強力なものとなっていった。一家あたり数百石から数石まで、規模としてはそれほど大きくはないものの、「天下」を支配した信長権力を背景にしている点、公家衆の経済基盤は安定的なものとなったと言えよう。公家の経済的不安の払拭は、彼らによって支えられる朝廷の「再興」をもたらすものであった。

信長の叙爵・昇殿

ところで右の新地給与は、その前後になされた信長の権大納言（一一月四日）・右大将（同月七日）任官の祝儀であったと指摘されている（脇田修『織田政権の基礎構造』）。ただしいま見たように、この「諸家再興」は六月末の時点で予定されていた可能性が高く、任官されたからという考え方をするよりは、むしろこの年の公家への経済支援策という大きな流れのなかで理解すべきだろう。たまたま任官と相前後して在洛中の一一月に実行されたということである。

権大納言・右大将の任官と、同時になされた従三位への叙位により、信長は公卿に列せられた。かつては『公卿補任』の記事にもとづき、前年の天正二年に従三位参議に叙任されたと考えられていた。現在では、翌年の権大納言任官が参議から段階をふんで昇任したようによそおうための書類上の操作（遡及任官）であったとされ、天正二年の任官は否定されている。

しかしわたしは、天正二年に官位秩序のなかに信長が位置づけられたことまでは否定されるべきではないと考えている。この点も含め、ここで天正三年に権大納言・右大将に任じられるまでの信長と官位の関係について見てゆくことにする。

信長と官位の関係について、現在の到達点は堀新氏の研究である。堀氏は、上洛以前の上総介・尾張守から、上洛前後に名乗った父と同じ官名である弾正忠《だんじょうのちゅう》の名乗りの意図、さらにその後の右大臣までの官位昇任を検討し、信長自身あまり官位にこだわっていなかったこと、天下統一や大名編成に官位序列を利用しようとしていないこと、官位制度を消滅させる考えはなかったことなどを論じている。

　そのなかで天正二年の従三位参議叙任の事実もはっきり否定されており、それも含め右の堀氏の見解は大筋で納得のゆくものであるが、関係史料の追加などで若干補足すべき点が見いだされる。

　そのひとつが、天正二年の叙位である。

　禁裏の文庫である東山御文庫に、正親町天皇自らが写した口宣案（叙任の辞令）が伝わっている（口宣案は通常蔵人が執筆する）。天正二年三月二〇日と同一〇月二五日の日付が入った二通があり、それぞれに二通の口宣案が写されている。それによれば信長は、同年三月一八日に従五位下に叙され、昇殿を勅許されている（『東山御文庫所蔵史料』勅封二三函）。このことは、四位以下の位階の叙任記録である『歴名土代《りゃくみょうどだい》』にも記事がある。

　三月一八日といえば、前日の一七日に信長は上洛したばかりであった。その直後、第三章で見たように奈良に下向して蘭奢待を切り取ることになる。叙爵《じょしゃく》・昇殿はこのときの上洛にあわせて発令されたとみられる。

第四章にて上洛直後に出されたと推測した理性院堯助宛三条西実枝書状（「公家一統の政道」を述べた書状）のなかに、信長の官位叙任に関連するとおぼしき一節がある。

醍醐寺理性院が毎年正月にとりおこなう国家鎮護の祈禱である太元帥法が近年略式の太元護摩でしかおこなわれなくなっていたため、堯助は本式の祈禱を実現すべく実枝に働きかけていたらしい。これに答えて実枝は書状のなかで、「時節漸《ようや》く相応」ではあるが、まずは「彼の一官等一経の儀相調《ととの》え候上にて、時分をもって必ず御談合申すべく候」と約束している。堯助による太元護摩の効果で信長から「公家一統の政道」の申し入れがなされたと喜ぶ文脈から考えれば、「彼」とは信長を指すと考えてよい。

太元帥法実現のためには（さらに言えば「公家一統の政道」実現のためには）、信長の「一官」をただちに（「一径〈経〉」には「時を移さずすぐさま」「ただちに」の意あり）ととのえること、少し補足すれば、しかるべき官位に任じて官位制度のなかに位置づけ、彼の助力をあおぐことが必要だというのである。そうして実行されたのが、信長への従五位下の位階・昇殿勅許だったのではあるまいか。

京都御所東山御文庫に、「天正二（年）三（月）十八日信長所へ行きこれを書く」と日付のある天皇自筆の書付《かきつけ》がある（『東山御文庫所蔵史料』勅封一〇一函）。「位は、源平藤橘の四姓は正六位上にて生まるる間、はじめて位を給わるは従五位下也。是を叙爵と云」とあって、さらに「是は神位也」と添えられた正一位から従三位までが書き上げられたあと、その下部に「以上公卿也。上階と云う。地下は上階と云えども堂上せず。但昇殿と云うは此外也」と説明が記されている。

この書付は、叙爵・昇殿勅許の日である三月一八日に、朝廷から信長に対して、「あなたに今回あたえられる従五位下・昇殿とはこういう立場なのですよ」と説明した内容を記したものと推測される。この時点で朝廷は、信長には位階に関する初歩的知識の説明を要すると考えていたようである。実際、信長の官位に対する知識もこの朝廷の認識からさほど隔たっていなかったのではないだろうか。信長と官位の関係を考えるにあたっては、まずこの認識から出発しなければならない。

右の書付にもあるが、従五位下に叙されることは別に叙爵とも呼ばれ、公家としての出発点に位置する重要な位階であった。昇殿とはもともと内裏清涼殿の殿上《てんじょう》の間に昇ることを許される特権であり、これを許された四位・五位の公家は殿上人・雲客《うんかく》と呼ばれた。このとき信長は、朝廷から公家の一員として認められたことになる。

それではこのとき信長にあたえられた官位（特権）として、なにゆえ叙爵・昇殿がえらばれたのだろうか。

この叙任が信長の望みでなく、朝廷の要請であったことは実枝の書状からも明らかであるが、おそらく朝廷は、室町将軍の先例に準じて信長を遇したと考えられる。たとえば足利義昭が征夷大将軍に任じられた永禄一一年（一五六八）一〇月一八日、彼は同時に従四位下参議・左中将に叙任され、禁色《きんじき》（位階によっては着用が禁じられている装束の色）・昇殿を許されている。

さらにさかのぼれば、義栄《よしひで》・義輝・義稙《よしたね》・義勝《よしかつ》は叙爵以後、征夷大将軍補任時に昇殿が許され、義尚《よしひさ》・義持は初度の叙位（正五位下）のとき同時に征夷大将軍補任と禁色・昇殿勅許がなされた。このように室町将軍には、初度の叙位もしくは征夷大将軍補任と禁色・昇殿の許可が同時になされるという慣例があった。

したがって朝廷としては、信長を初めて官位秩序に位置づけるため、室町将軍の例を持ち出してきたのだろう。むしろ、義昭を追放し天下人という立場となった信長を初めて官位秩序に位置づけるにあたり、室町将軍の例をふまえるという思考しか朝廷にはなかったと言うべきである。

この処遇は、信長が室町将軍の後継者を望んでいた（将軍職を望んだ）からということではなく、あくまでも朝廷側の選択なのだが、信長にも、とくにそれを拒否したというふしは見られない。

実名・もとの名前など	官途・名乗り
松井友閑	宮内卿法印
武井夕庵	二位法印
明智十兵衛（光秀）	惟任日向（守）
簗田左衛門太郎（広正）	別喜（規）右近
丹羽五郎左衛門（長秀）	惟住
塙九郎左衛門（直政）	原田備中（守）
以上『信長記』建勲神社本による。塙直政は池田家本による。	
羽柴藤吉郎秀吉	筑前守
村井民部少輔貞勝	長門守

以上二人は『信長記』に見えないものの、この時官途名乗りを許されたと見られる。

表4　天正三年に信長から家臣にあたえられた官途・名乗り

家臣に対する官途・名乗り授与

翌天正三年五月に長篠《ながしの》の戦いにて勝利をおさめたあと、六月末に上洛した信長に対し、朝廷は官位をあたえようとした。しかし信長はこれを辞退している。ただしそのかわり、家臣たちに対して官途と名字をあたえている（表4）。

いま「そのかわり」と書いたが、このことを記す『信長記』には、次のように経緯が述べられている。

七月三日、信長御官位を進められ候えの趣、勅諚《ちょくじょう》御座候といえども、御斟酌《しんしゃく》にて御《お》請《うけ》これ無し。しかしながら内々御心持ち候や、御家老の衆（中略、名前とあたえられた官途・名字を列挙する）にさせられ、忝《かたじけ》なきの次第なり。（建勲神社本）

これまでは、信長が自身の任官を辞退したかわりに家臣の任官を朝廷に推薦したと考えられてきた。しかしながら、表4にある官職について、朝廷の任官記録には確認できず、また口宣案のような辞令文書は残されていない。そもそも原田《はらだ》・別喜《べっき》・惟任・惟住《これずみ》などの名字授与については、朝廷が関与するはずもない。

松井友閑・武井夕庵が叙された法印は、法印大和尚位という僧位の第一であり、僧官の第一である僧正と対応する立場であるが、この時期では叙任にあたりとくに文書を発給されることなく、広い階層の人間が叙されるようになっていたようである。法印の頭に付けられた宮内卿・二位も、たとえば「民部卿僧都」や「少納言律師」など、中世僧侶によく見られる官位と僧位僧官という組み合わせの呼称（院家の主になっていない比較的若輩の僧侶が名乗る）とおなじものだろう。

『信長記』の記事を見ると、天皇からの任官要請は固辞したものの、信長は考えるところがあって、この機会に家臣たちに名字や官途名・僧位の名乗りをあたえただけにすぎないように思われる。自分が辞退するかわりに家臣の任官を朝廷に推薦したわけではない。「忝なき次第」というのは、名乗りをあたえられた家臣から信長へ向けた表現である。

これら名字が九州に関係する名乗りであり、受領官途名も筑前《ちくぜん》・備中《びっちゅう》・長門《ながと》・日向《ひゅうが》と西国のそれであることから、このときの任官が将来の西国征服を視野に入れていたと言われている。たしかに惟任・惟住・原田は鎮西の名族の名字であるし、別喜も大友《おおとも》氏一族でのちの立花《たちばな》氏につながる戸次《べつぎ》氏を思わせる。

しかしながら、名族の名字を名乗らせることを即征服の意図とむすびつけるのは、信長の全国統一志向を前提にした考え方である。受領官途名もそうだとするなら、「天下布武」の印文ではないが、少なくともこの時点では敵対関係ではなかった毛利氏そのほか西国大名たちをいたずらに刺激することになろう。

たとえば信長は、天正元年に朝倉氏を滅ぼしたあと越前守護代を命じた前波吉継に「桂田播磨守長俊」と名字・諱《いみな》・官途をあたえたり（『朝倉記』）、この天正三年には、義昭との上洛直後から朝廷・幕府・信長をむすぶ重要な立場にあった僧侶朝山日乗上人に対し、何か気に障ることがあったらしく、懲罰的処置として上人号を取りあげ、強制的に「典斎」と名乗らせている（『御湯殿上日記』『宣教卿記』『大外記中原師廉記』）。

子息たちに「奇妙《きみよう》」（嫡男信忠）・「茶筅《ちやせん》」（次男信雄）と名づけるような感覚をあわせて考えてみてもよい。どうも信長には名づけに関する独特の感覚（名乗りのえらび方やあたえる契機も含め）があるような気がしてならない。いまのところこうした疑問を学問的に解明する材料はなく、あくまで印象論にすぎないのだが、これら家臣に対する名乗り授与に深い政治的意味をうかがうことに対して疑問に思っていることだけ述べておきたい。

信長の権大納言・右大将任官

話を信長の官位に戻そう。長篠の戦い後に任官を辞退したのは、前述のようにこの時点で越前一向一揆を攻めるつもりであったことも、理由のひとつだろう。実際それが済んで上洛した一一月に権大納言・右大将に任じられているからである。

信長は一一月四日に権大納言、同七日に右大将に任じられた。とくに右大将の任官は、陣座《じんのざ》をつくり、そこでの陣儀（陣定《じんのさだめ》）によっておこなわれた。陣座とは、もともと内裏に設けられた左近衛陣・右近衛陣にある公卿の座席をさすが、のち公卿たちが政治を議する場となった。陣座でおこなわれる朝議が陣定であり、平安時代における国政議定の中核となった。通常陣定は左近衛陣でおこなわれ、紫宸殿東の廊下がその場所にあたっていた。

信長の右大将任官がわざわざ陣座を設け陣定にておこなわれたことについて、同様に陣定で任官した足利義昭を意識していたと論じられている。永禄一二年六月二二日に義昭が従三位権大納言に任じられたとき設けられた陣座は仮設であったので（『言継卿記』）、信長は彼に対抗し上回るために「本式」の陣座を建てて任じられたというのである。この議論は、信長が右大将任官に積極的であったという考え方が前提となっている。

たしかに『兼見卿記』を見ると、「本式を申し付けらる」とあって、「仮」のものだとは書いていない。またこの陣座建設を担当したのが安土城の普請奉行としても知られる家臣木村次郎左衛門高重《きむらじろうざえもんたかしげ》であったこともあわせ（『信長記』）、信長が陣定での任官に積極的であったと考える有力な根拠となっている。

しかし、このとき任官文書などを作成する担当者であった大外記中原師廉の日記によれば、四日の権大納言任官は、陣定より略式の「消息宣下」であったとある。七日の右大将任官のみ陣定でおこなわれたのである。おなじ権大納言任官で比較すれば義昭のほうが「本式」に近いわけなので、この任官が義昭を上回ろうと意識していたとは言えない。

信長の積極性についても再検討が必要である。わたしは、信長がこの任官に積極的であったかどうかではなく、前年の叙爵・昇殿と同様、朝廷主導でなされたことに注目すべきではないかと考えている。そしてその実現には三条西実枝の存在が大きかったのではないか。

信長の右大将任官の上卿（儀式責任者）は実枝であった（『押小路文書』『公卿補任』）。三日に理性院堯助に宛てて出された書状のなかで実枝は、「明日四日は宣旨を持参するばかりです。来る七日は宣下の儀があり、私は上卿として参行することになっていますので暇がありません」と、四日の権大納言任官より七日の上卿の準備のほうに忙しかったようである（『田中穣氏旧蔵典籍古文書』）。また、任官拝賀を天皇におこなったさい、「御名代」として信長の代わりに御礼を申し上げたのも「三条大納言」、すなわち実枝であった（『信長記』）。彼が信長の任官に大きく関与していたことはまちがいない。

信忠の秋田城介任官

　ところでおなじ七日には、信長嫡男信忠も秋田城介に任じられている。秋田城介とは八世紀に置かれた出羽秋田城鎮衛のための官であり、律令に定めのない令外官《りょうげのかん》であった。出羽国の次官である出羽介が兼ねるならわしであり、のち鎌倉時代前期の幕府有力御家人安《あ》達景盛《だちかげもり》以降安達氏が任じられた官職としても知られる。

　信忠の秋田城介任官について、信忠の（信長嫡子としての）地位を明確にすると同時に、東北地方征服の意思を表明したとされており、さらに鎌倉幕府以来の武家政権が担った蝦《え》夷《ぞ》支配の権限である東夷成敗権を信長が引き継ごうとしたとも説かれている。

　当の出羽秋田周辺を支配下におさめていた大名である安東愛季に対して信長は、この年二月二〇日付で初めて書状（朱印状）を送った。その主旨は、鷹を求めるため鷹匠を奥羽《おうう》に派遣するにあたり、彼らの往復の便宜をはかってもらいたいという依頼である（『湊學氏所蔵文書』）。

　その後も信長（および彼の家臣たち）と愛季は鷹や馬などの贈答を通じて交誼《こうぎ》をむすんでおり（『大島正隆氏採訪秋田家史料』）、両者の関係は良好に見える。おなじ出羽の大名伊達《だて》輝宗《てるむね》とのあいだには、天正元年一〇月頃から書状のやりとりがはじまった。同三年一〇月にも信長は輝宗に対して鷹・馬を贈られたことに対する礼を述べ、長篠の戦い・越前攻めの戦勝報告をおこなって今後の情報交換を約している（『岡本文書』、後述）。出羽の大名に対する信長の接し方を見ると、信忠の秋田城介任官を東北地方征服とむすびつける考え方はどうしても納得できないのである。

そもそも蝦夷支配もしくは東北地方征服を意図するならば、もっとふさわしい官職がある。言うまでもなく征夷大将軍である。いっぽう代々秋田城介に任じられた安達氏は鎌倉幕府の御家人、すなわち将軍の臣下であった。信長が義昭に対抗意識を燃やしていたとするならば、なお征夷大将軍の職にあった義昭の風下に信忠を立たせることはむしろ忌避するのではないだろうか。信長父子にはこのような秋田城介という官の来歴についてさほどの知識がなく、また義昭への対抗意識もまったくなかったからこそ、信忠の任官が実現したように思われる。

ではなぜ秋田城介なのか。

注目したいのは、信忠の秋田城介任官にさいして太政官符《だじょうかんぷ》が作られたことである。太政官符とは、古代律令国家において天皇の命令を下すさいの一般的な下達文書であった。しかし発給手続きが煩瑣であったため、時代が下るにつれて略式の文書（官宣旨）がこれに代替するようになる。信長の時代ではなおさらのことだ。

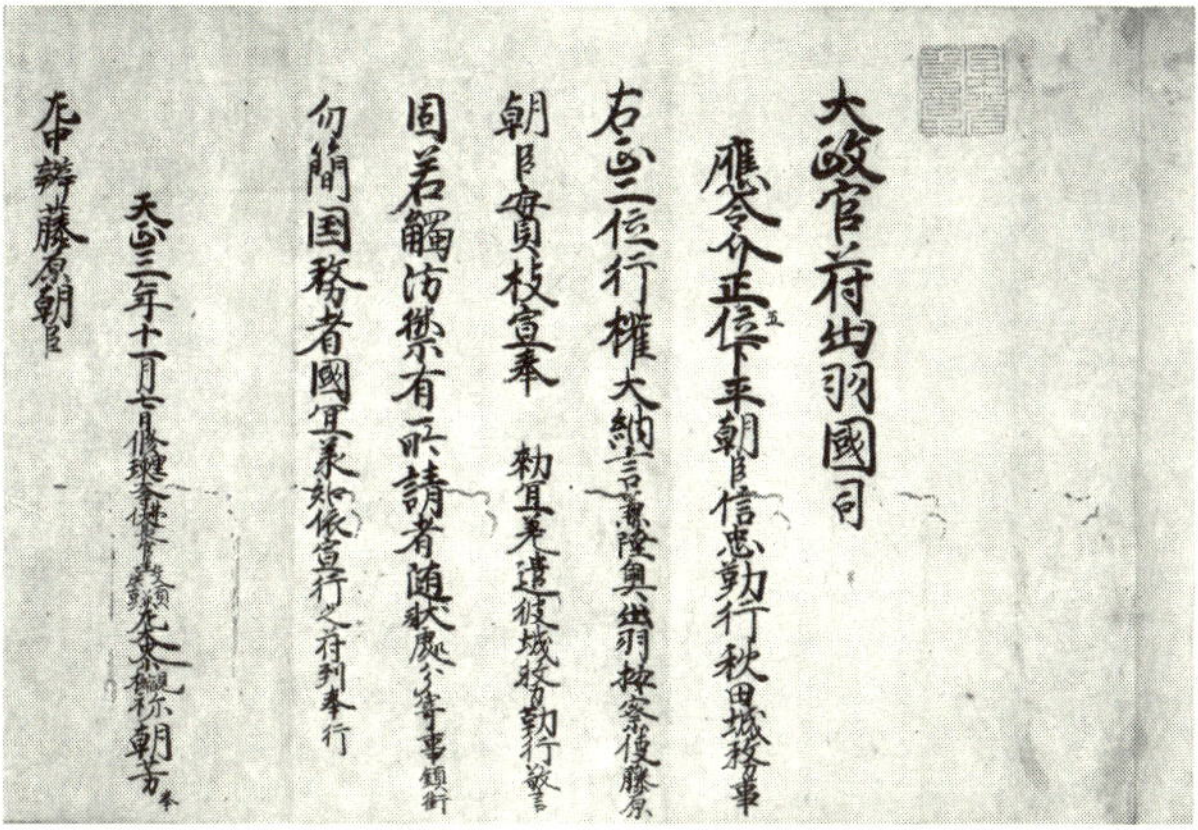
太政官符出羽國司
應令介正五位下平朝臣信忠勤行秋田城務事
右正三位行權大納言兼陸奥出羽按察使藤原
朝臣實枝宣奉　勅宜差遣彼城務勤行警
何間國務者國宜承知依宣行之符到奉行
天正三年十一月七日
左中辨藤原朝臣

織田信忠を秋田城介に任じた太政官符（宮内庁書陵部所蔵）

信忠を秋田城介に任じる太政官符は、官符を作成する職である史《し》の責任者であった官務壬生家にあった記録を中心に編まれた編纂物『壬生家四巻之日記』に収められ、また案文が壬生家に伝わってきたようである（宮内庁書陵部所蔵『太政官符』）。こころみに『壬生家四巻之日記』のうち正親町天皇が践祚した弘治年間から信長が没する天正一〇年までを通覧すると、本文書以外太政官符は収められていない。それほどこの時代において太政官符はめずらしく、大時代な文書なのである。

古代における公文書の文例集として編まれた『類聚符宣抄《るいじゅふせんしょう》』に、出羽介 平 兼忠《たいらのかねただ》に秋田城務を命じた（秋田城介に任じた）天元三年（九八〇）七月二三日付の太政官符が収められている。上卿となっているのは従二位大納言兼陸奥出羽按察使藤原為光《ふじわらのためみつ》という人物である。

実は日付のほか、この文書の平兼忠を平（織田）信忠に、従二位大納言兼陸奥出羽按察使藤原為光を正二位権大納言兼陸奥出羽按察使藤原（三条西）実枝に変えれば、天正三年一一月七日付の太政官符が仕上がる。この二通、秋田城務として遂行すべき内容を述べた文言はまったくおなじなのである。ちなみに、実際古代に秋田城介を任じた官符は多様であり、『類聚符宣抄』が定型化されていたわけではなかった。

実枝の兼官である陸奥出羽按察使とは、古代に置かれた陸奥出羽両国を監察する最高官であるが、秋田城介任官にかならず按察使が上卿としてかかわらなければならなかったという原則はないようである（鈴木拓也氏のご教示による）。もちろん按察使もまた、一六世紀においては秋田城介とおなじく名前だけのものとなっていた。

『公卿補任』を見ると、実枝は信忠任官の四日前一一月三日に按察使を兼ね、年内に辞したらしい。ということは、実枝は信忠を秋田城介に任じるためだけに按察使となったのではあるまいか。

「朝儀復興」（公家一統）という機会に乗じ、信忠の任官にあたって、太政官符を発給するというその目的だけのために、秋田城介という官職に白羽の矢が立った。秋田城介を任じた太政官符の文例として知られていた天元三年の官符とおなじ文面の文書を出すため、あらかじめ実枝が按察使を兼ね、彼が上卿となって信忠の任官（太政官符発給）手続きを主導した、と考えられる。実枝は、太政官符という古来の文書を作成・発給すること（そのような文書の発給手続きを廃れさせないこと）が朝廷を維持することにつながると考えたのだろう。

信長任官の目的

信長を権大納言に任じるにあたり、宣旨や聞書《ききがき》といった任官文書を作成した大外記中原師廉に砂金三〇〇〇疋（三〇貫文）と馬・太刀の禄が給された（ちなみに義昭大納言任官時は二八貫文）。また、右大将任官の陣定にさいし、儀式に参仕した師廉や官務壬生朝芳に各二〇〇疋（二貫文。ちなみに義昭時は各三〇〇疋）、そのほか外記・史ら官人にも二〇〇疋以下の報酬が給された。くわえて秋田城介の官符（史料では宣旨）を作成した朝芳に三〇〇〇疋が給された（『鎌倉将軍以来宣旨』『諸儀式下行一会』）。

師廉は陣定参仕の報酬二〇〇疋（米二石）を村井貞勝より受け取っている。また、信長より砂金（日記では一〇両）を頂戴し、「面目これに過ぎず、冥加《みょうが》なし。いよいよ道のこと覚悟いたし、奉公専一《せんいつ》なり」と、外記の職務をもって朝廷に奉仕する決意をあらたにしている（『大外記中原師廉記』）。これらの報酬は信長が拠出したのである。

以上見てきた信長父子の任官の経緯について、次のようなことが言えるだろう。

信長の任官にあたって実枝が朝廷の主導的立場にあったのではないかと推測したが、信忠のばあいにおいてもあてはまる。実枝は信長父子任官にさいし指南役のような立場にあったと思われる。彼を中心とした朝廷によって信長と信忠の官職がえらばれ、二人もこの官職を受け入れている。

二人の任官にあたり、陣定がおこなわれ、太政官符が出されたが、これは朝儀復興（公家一統）を意図する朝廷の思惑によるものであり、それを支援することをみずからの任とした信長は、陣座を建設し、儀式に携わった官人たちへの報酬を負担した。任官という局面にかぎれば信長は受動的であり、極端に言えば朝廷（実質的には実枝）の言いなりになっていた。この局面での実枝の主導性は際立っている。

信長は徳政や所領給付によって直接的に公家の経済支援策を実施したいっぽうで、任官のさいにはそのための儀礼を進めるのに必要な負担も厭わなかった。この任官には、天下人として、天正三年の一連の戦いに勝利した褒賞という意味合いがあったこともまちがいなく、信長もそのことを承知して受けたのだと思われる。ただしこのときの任官（家臣や信忠の任官も含め）にはそれ以上の意味はない。東北や九州を征服しようという意図をうかがうことは深読みに過ぎる。

初めて位階を授かった天正二年三月から一年半以上を経ているが、その時点においてもなお、信長は官位に対してみずから選択するほどの知識はなかったと推測され、もちろん執着もなかったのである。

天下静謐のための戦い

以上見てきたように、天正三年は、前年不十分のままに終わっていた経済支援・朝儀復興支援という「公家一統の政道」に着手され、それが前進した年であった。そのいっぽうで、前年武田氏や越前一向一揆によって脅かされた「天下」の危機もまた大きく挽回できた年でもあった。

前年武田勝頼によって奪われた遠江高天神城に備えるため、徳川家康は三河長篠城に奥《おく》平信昌《だいらのぶまさ》を入れ、防備を固めさせようとした。後年の史料になるが、『当代記』には二月二八日とある。長篠城はもともと武田方菅沼《すがぬま》氏の居城であり、三河における武田方の橋頭堡と位置づけられる重要な拠点だったが、天正元年九月に徳川方が奪っていた。あらたに城主となった三河の国衆奥平信昌はもともと武田氏に属し、長篠の西にある作手《つくで》城を守っていたが、長篠城が落ちたとほぼおなじ頃、父貞能《さだよし》とともに徳川方に転じている。

信昌が長篠城に入った頃、信長は家康に対して兵糧を援助している。『当代記』によれば、家康は信長から受け取った二〇〇〇俵のうち三〇〇俵を籠城用として長篠へ入れたという。また兵糧を送るとともに、重臣佐久間信盛を「諸城御見舞」のため派遣している（『大阪城天守閣所蔵文書』）。数ヵ月後の大勝利を知っているから、信盛の派遣はいずれ武田方と一戦を交えることになる戦場をえらぶための視察という目的も兼ねていたのではないかと勘ぐりたくなる。

さて五月二一日に起きた長篠の戦いの結果は、朝廷にどのように伝えられたのだろうか。

合戦当日の速報については長岡藤孝（細川幽斎）宛の朱印状が知られる。「早天より取り賦《くば》り、数刻一戦に及び、残らず敵討ち捕り候。生け捕り以下数多《あまた》候」（早天から戦闘を開始し、数刻戦って残らず敵を討ち取った。生け捕り以下も多数である）という内容である（『細川家文書』）。明智光秀にも同様の書状が送られたらしい（『兼見卿記』）。

天皇に対しても報告があり、これは村井貞勝宛の朱印状というかたちをとった。朝廷女官の日記である『御湯殿上日記』の五月二三日条に、「むらゐ（貞勝）よりくわんしゆ寺大納言（勧修寺晴右）・おほきまち（正親町《おおぎまち》実彦《さねひこ》）して、しけんかたわろきおりかみともけさん（見参）にいれらるゝ」とある。「しけんかたわろきおりかみ」とは、「信玄方悪き折紙」のことだろう。信玄方、つまり武田方が敗北したことを知らせた書状という意味である。これを受け、信長の勝利を祝すための勅使として飛鳥井《あすかい》雅教《まさのり》が派遣された。

右の記事から、合戦の翌々日二三日には貞勝のもとに書状が届いていたことがわかる。

いっぽう『大外記中原師廉記』には、「今日たつの時よりかせんはしまり、ひつしのこくにいたつて、かいのくにしゆうはいくんト云々。すにんうちとらるゝと云々。のふなか殿きけん。ちうしんのしゆいん今日のひつけにて、廿四日のひ、むら井所へのほる也。珍重々々」(今日辰の刻〈午前八時頃〉から合戦が始まり、未《ひつじ》の刻〈午後二時頃〉には武田軍の敗色が濃厚になった。名のある武将数人が討ち取られたという。信長の機嫌はよく、それを伝える朱印状が二一日の日付で二四日に貞勝のもとに届いた)とあって、朱印状が貞勝に届いた日が一日ずれている。いずれにせよ、藤孝宛の朱印状同様、合戦当日の日付にて貞勝宛朱印状が書かれ、これは貞勝から天皇・朝廷へ披露されることを前提としたものであった。

貞勝に合戦の戦勝報告をおこない、彼から朝廷へ披露されたという例は、翌天正四年五月の大坂本願寺攻めのおりにも確認される。

本願寺との最大のいくさは五月七日にあった。三日におこなわれた本願寺攻撃において指揮官の一人原田(塙)直政らが討死したという一報を受け、京都にあった信長はわずかな手勢を引きつれて大坂へ向かった。武装するいとまもなく湯帷子《ゆかたびら》の身なりで馬に打ちまたがり急ぎ駆けつけたため、信長についてこられたのはおもだった騎馬の者たちだけだったという。

一万五〇〇〇の敵に対しわずか三〇〇〇の兵で総攻撃をかけたところ、敵の数千挺という鉄炮の威力に圧倒され、信長自身も足に銃弾を受けて負傷するほどの苦戦であった。家臣たちが一時撤退を勧めたものの信長はこれをはねつけ、味方を鼓舞して本願寺の城戸口近くまで攻め寄せた結果、二七〇〇の首を討ち捕ったという（建勲神社本『信長記』巻九）。局地的には戦果をあげたものの、最終的に本願寺を打ち破るところまで至っていない。

このいくさの結果は、その局地的な勝利を強調するかたちで京都に報告された。八日付で村井貞勝に宛てた黒印状が二通残っている。最初の一通で信長は、前日のいくさで敵三〇〇〇余を討ち捕り、敵方の名のある大将にも討死する者があったので、落城も間近いだろうと述べている。

この黒印状の末尾に「この趣京都において申し聞かすべく候」とある。貞勝から京都（朝廷）に報告せよということである。実際この文書は、公家中御門宣教の日記のなかに写されている。宣教は貞勝のもとでこの黒印状を見せられ、写し取ったのだろう。翌九日には、黒印状を関白二条晴良のもとへ持参して知らせている。

このように、「天下」を脅かす敵である武田氏や本願寺との戦いの結果は、信長から京都の村井貞勝に伝えられ、彼を媒介に朝廷（天皇）へと報告されるという段取りになっていた。これが正式な報告経路であったと思われる。

ところが、長篠の戦いの三ヵ月後におこなわれた越前一向一揆攻めについては、多少異なる対応がとられた。

越前一向一揆のばあい

戦勝報告自体は、右に触れた五月の長篠、翌年五月の本願寺戦と同様村井貞勝宛の書状(朱印状)のかたちでなされている。八月一七日付の朱印状は、「越前府中の町は死骸に埋め尽くされ、隙間がないほどである。そなたに見せたかった」という有名な文言がある、凄惨な一揆掃討の様子を知らせたものである(『泉文書』)。

この書状の末尾に注目すると、「これらの趣を、荒木信濃守・三好山城守以下に申し聞かせ、彼らを喜ばせなさい」と、越前攻めに参加していない荒木村重・三好康長らに伝えよとするだけで、本願寺戦の「京都で申し聞かせよ」という文言と微妙なちがいがある。貞勝はこの書状に対し二〇日付で信長に返事を出したらしく、またそれに対して二二日付で信長から続報が寄せられた。そこにも周知を命ずるような文言は見られない(『高橋源一郎氏持参文書』)。

もっとも、一向一揆に勝利を収めたという情報は朝廷にも届いていた。すでに八月一四日の時点でその情報は公家の耳に入っており、さっそく勝利を祝う勅使（勧修寺晴豊）が越前へ派遣されている（『兼見卿記』）。朝廷としては、長篠の戦いのときと同様天下人信長の戦いぶりに祝意をあらわしたのである。

しかしながら信長自身は、越前一向一揆攻めの目的を長篠の戦いのそれとおなじに考えていなかったようなのである。

勅使によって正親町天皇・誠仁親王から贈られた薫物・唐墨《からすみ》に謝意を表しつつ、礼状には「これより言上いたすべく候といえども、一揆のたぐいかえっていかがと遠慮仕り候」と書かれている（『総見寺文書』）。戦勝を自分のほうから報告すべきであったが、相手が「一揆のたぐい」であったので遠慮していた（そうしたら逆に天皇より勅使をもらって恐縮してい る）というのである。「一揆のたぐい」に対する勝利は、朝廷へ正式に報告するものではないというのが、信長の認識であった。

越前一向一揆に対して「一揆のたぐい」と侮蔑した表現をとることについては、すでに神田千里氏が注目している。この年の一〇月に伊達輝宗に宛て長篠・越前の勝利を知らせた信長は、「この両国（加賀・越前）の敵の多くは一揆のたぐいであり、取るに足らないけれども、彼らは現在天下に対する禍《わざわい》の元凶となっているので、退治しておかないと際限がなくなる」と越前攻めの目的を記している（『岡本文書』）。

神田氏は「一揆のたぐい」を取るに足らない（原文は「物の数にあらず」）と評した信長の認識について、彼らはしかるべき大将のいない全員平等な関係によって取りむすばれ、そのため支配の大義名分を持たない（支配者という名に値しない）集団であるので殲滅した、ととらえている（『信長と石山合戦』）。これは延暦寺焼討ちや長嶋一向一揆撫切りを正当化させる信長の論理と通じるものとして説明されており、説得力がある。

右の神田氏の説を否定するわけではないが、神田氏の検討の対象から漏れた朝廷への報告という観点から長篠の戦いや天正四年の大坂本願寺との戦いと比較すると、次のようにも考えられる。

戦勝報告を天皇（朝廷）におこなうというのは、それが天下静謐のために必要ないくさだからである。しかし越前一向一揆というのは、天下に対する禍であっても、いったんみずからの支配下に入った領域に発生した反乱のようなもの（「一揆のたぐい」）であり、これを鎮めるのは天下の外側の敵である武田氏や大坂本願寺に対するそれとは性質が違う。したがってわざわざ朝廷への報告は要しない、という論理である。

天下静謐目前宣言

前年以来の当面の敵であった武田氏と越前一向一揆に対し、いっぽうには大勝利を得てその勢力を削ぎ、いっぽうは殲滅させたことにより、天下静謐の実現が目前に迫った。

　六月には明智光秀に丹波攻めを命じた。丹波は京都のある山城国に隣接し、朝廷の所領（禁裏御料所）や公家衆の所領も多く存在する重要な地域であった。禁裏御料所丹波山国荘《やまくにのしょう》は、そこからの年貢が滞ることがあるたび、朝廷が室町幕府や信長に対しその円滑な収納の実現を申し入れるほど、朝廷経済を支える主要所領であった。丹波攻めは、朝廷・公家の経済的安定策の一環でもあったのである。一〇月末頃には国内の国衆がほぼ光秀に服属したという（ただし翌年正月波多野《はたの》氏の謀叛により丹波はまた乱れる）。

　おなじ一〇月、播磨・但馬・飛驒の大名衆が上洛し、信長に挨拶した。また三好康長・松井友閑二人をなかだちに大坂本願寺との和睦交渉が開始され、年末にいったん和睦が実現している（『記録切』『信長記』『南行雑録』）。もっとも先に述べたように本願寺との和睦はすぐに破れ、天正四年四月には攻撃が再開された。

　長篠の戦い後の対武田氏作戦も着々と進められている。直後には美濃・信濃《しなの》の国境近くにあって武田方に奪われていた岩村城《いわむら》（岐阜県恵那市）に対し、信忠を大将として攻撃を開始し、これを包囲した（『信長記』）。信長は六月一三日に、この時点でまだ同盟関係にあった上杉謙信《うえすぎけんしん》（彼は翌天正四年に本願寺顕如とむすび、同五年には信長と交戦状態になる）に書状を出し、長篠・岩村の戦果を報告して秋には信濃・甲斐、つまり武田氏領国に攻め入るつもりであることを述べている（『上杉家編年文書』）。

もっとも秋の標的は越前一向一揆に変わり、謙信に予告したようにすぐ武田攻めに取りかかることはなかった。越前攻め後もすぐ実行に移されたわけではない。ただ、武田攻めの布石は確実に打っている。

勝頼は、六月に包囲された美濃岩村城を救うため一一月に岩村に向け兵を出した。一四日戌《いぬ》の刻（午後八時頃）京都でこの知らせを耳にした信長は急ぎ岐阜に戻って翌日に着いたというから、年頭の道路整備がこのときに役立ったのである。

織田方の岩村城包囲軍は武田氏の援軍を蹴散らし、その勢いを駆って信忠を大将とした織田軍が城へ攻め入り、ついにこれを陥れた。信忠が岐阜に凱旋したのは二四日だという（『信長記』）。

これを受けてのことと思われるが、信長は、陸奥三春《みはる》（福島県田村《たむら》市）の田村清顕《たむらきよあき》、常陸《ひたち》太田《おおた》（茨城県常陸太田市）の佐竹義重《さたけよししげ》、下野小山《しもつけおやま》（栃木県小山市）の小山秀綱《おやまひでつな》に宛て、ほぼおなじ内容の朱印状を送り、武田攻めのさいの助力を要請している（『歴代古案』『飯野家文書』『東京大学文学部所蔵雑文書』）。岩村城奪回を受け、武田氏をさらに弱体化させるための布石を打ったということになるだろうか。

三人に書状を送るのはいずれも初めてのことで、日付はすべて一一月二八日。長篠の戦いの戦勝を報じ、「しかる間彼の国に向かい出馬せしめ、退治を加うべく候」と武田攻めを予告して、「天下のため自他のため尤《もつと》もに候」と協力に正当性があることを訴えている。陸奥・常陸・下野と、信長から見て武田氏の背後に位置する戦国大名に武田攻めへの協力を働きかけることにより、挟撃を目論んでいた。文書が残っていないだけで、信長は彼ら三人以外にも奥羽・関東の大名・国衆たちに同様の朱印状を送ったのかもしれない。

　三人に対する書状は、いずれも小笠原貞慶《おがさわらさだよし》が取次役となっている。信濃深志《ふかし》城を本拠とした小笠原氏はもともと同国守護であったが、武田信玄との戦いに敗れて没落したという。その後、天正二年頃信長に属し、信濃への復帰を約束され、同国以東の大名・国衆らに対する連絡役を任された。

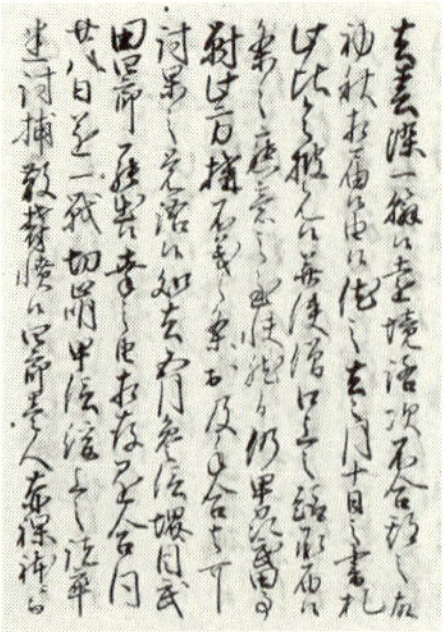

　系図に写されたかたちでしか残されていないが、右の三人に宛てた文書とおなじ日付で信長は貞慶にも書状を送っている（『小笠原系図所収文書』）。そこには、長篠・越前・岩村に関する詳細な戦勝報告のほか、全国の諸勢力との関係を記した興味深い記述がある。それぞれの勢力に対する信長の認識を拾い出してみよう。

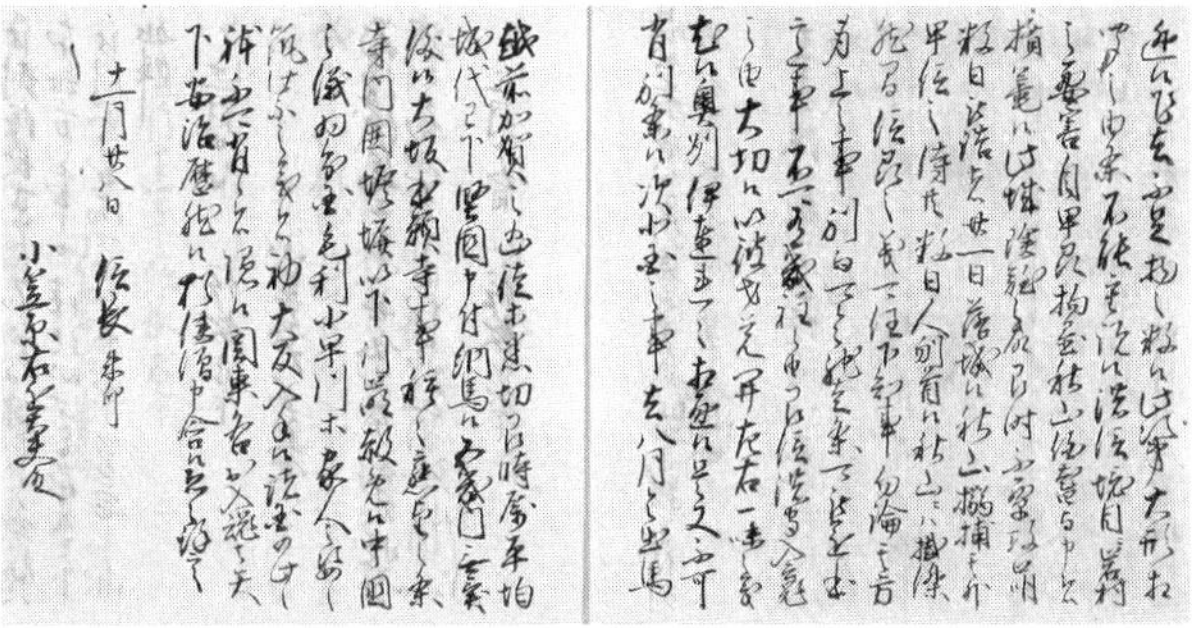

図4　天正3年11月28日付小笠原貞慶宛信長朱印状写（唐津市教育委員会所蔵『小笠原系図』所収）

「奥州伊達連々相通い候。これまた別条あるべからず候」（伊達氏とは絶えず連絡を取りあっているので心配ない）

「五畿内異儀なく候」（五畿内は問題ない）

「大坂本願寺の事、種々懇望の条、寺内囲む堀塀以下引き崩し、赦免候」（大坂本願寺はあちらから望んできたので、寺を囲む堀や塀以下を取り壊すことで赦免した）

「中国の儀、分国として毛利・小早川等家人の姿に候」（中国地方の毛利氏・小早川氏は分国の家人のようなものである）

「筑紫の儀は、大友をはじめ手に入れ候」（九州北部は大友氏をはじめ支配下に入った）

全国はこのような状態なので、関東の国衆たちと友好関係をむすべば、「天下安治」は歴然だと信長は述べる。こうした状態が信長のめざした「天下静謐」のひとつの帰結なのではあるまいか。

先にも触れたように、このひと月前（一〇月二五日付）伊達輝宗にも書状を出している。そこでもほぼおなじことを述べているが、当然伊達氏自身のことは書かれておらず、また中国・筑紫のことも言及がない。関東については「東八州の儀、これまた畢竟存分に任すべく候」（関東八州も思い通りにするつもりである）と書いている。「東八州」というと関東八州、つまり武田領国にとどまらず、敵対関係のない北条氏領国まで含むことになるが、関東の国衆たちへの取次役として事情をよく知る小笠原貞慶とはちがい、関東と直接関わりのない輝宗に対する書状ということで、少し大げさに述べたのだろうか。

以上のように、天正三年末の時点で、信長の目は完全に東に向いている。本願寺とは和睦（信長にとっては赦免）し、上杉氏・毛利氏とは敵対関係にはないから、ある意味当然である。あとは関東の大名・国衆らと協力して武田氏の息の根を止めれば「天下安治」が実現する。〝天下静謐目前宣言〟が出されたのである。

右の信長の発言をまとめると、彼の頭にあった武家政権の姿が浮かびあがる。畿内とその周辺（「天下」）を直接的な支配下におき、その内部には敵対勢力の存在を認めない。奥羽・関東・中国・九州の有力大名とのあいだには、自己に優位なかたちでの友好関係をむすぶ。室町幕府の将軍と地方の有力大名が併存していた前代の枠組みからさほどかけ離れてはいない。それが彼の理想とした天下静謐なのである。次に述べる家督譲与と安土城築城は、天下静謐目前という状況認識の延長線上にある。

天下人の自覚

武田攻めの助力を要請する朱印状を出した日付とおなじ一一月二八日、信長は信忠に織田家の家督を譲った。『信長記』には次のようにある。

まこと三十余年にわたりご粉骨を尽くされた結果、作った城や、曾我五郎所持の星切の太刀以下集めてきた三国の重宝にくわえ、尾張・美濃両国を信忠に譲り与え、ご自身は茶道具のみを携えていったん佐久間信盛の屋敷に移られた。父子ともにご果報ご満足の極みであった。

家督を譲るとは、前当主にとってふつう隠居を意味するが、四二歳の信長のばあいそうではないだろう。織田家の本領である尾張・美濃を信忠にゆだね、みずからは翌年早々安土城築城に着手し、そこへ移ることになる。これまでも言われているように、一大名の織田家の上に立つ天下人として、自分の立場を自覚したのではないだろうか。

そう信長が自覚するに至ったのは、ここまで本章で見てきた天正三年の一連の経緯があったからこそである。道路のような基盤整備、朝廷の経済的立て直しと朝儀復興という「公家一統の政道」支援、それと深く関連する権大納言・右大将への初めての官職任官、天下静謐を脅かす敵の勢力削減、もしくは講和。本願寺との講和も成立していたから、この時点で信長が立ち向かうべき敵はほぼ武田勝頼ひとりとなり、武田氏を討ち果たすのも時間の問題と考えていたようである。

義昭を擁して上洛し「天下布武」を達成したと思いきやまもなくその義昭と対立し、義昭の呼びかけに応じた朝倉氏や武田氏、比叡山延暦寺・大坂本願寺などとの戦いに明け暮れ、義昭を京都から追放したあともなお収まらなかった「天下」だったが、信忠に家督を譲った天正三年末は、天下静謐維持の役割を自任する信長にとって、ようやくそれがかたちになってきたと感じていたのではないだろうか。

第六章　絹衣相論と
興福寺別当職相論
——天正三年〜四年

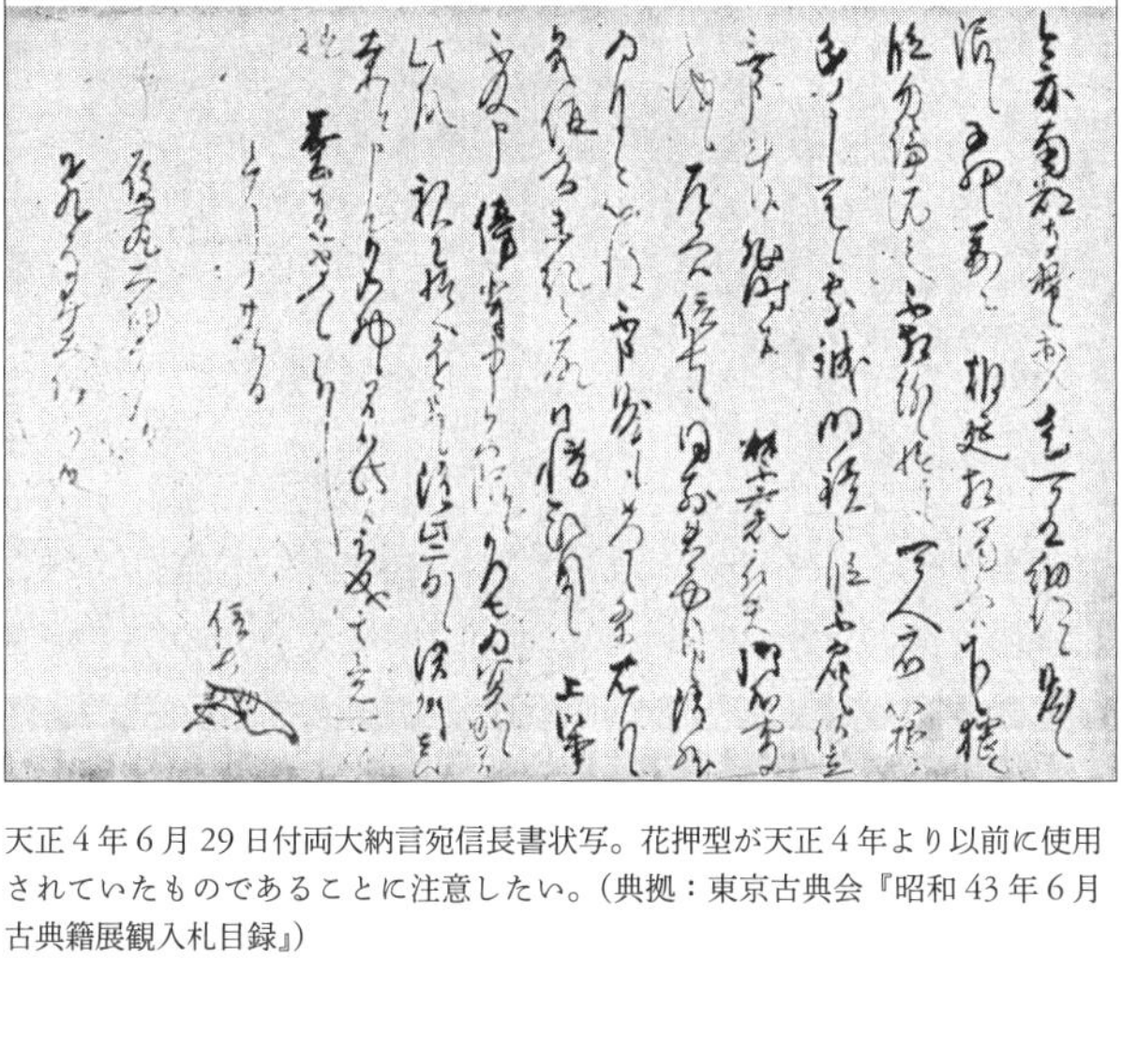

天正４年６月29日付両大納言宛信長書状写。花押型が天正４年より以前に使用されていたものであることに注意したい。（典拠：東京古典会『昭和43年６月古典籍展観入札目録』）

ふたつの相論

織田信長が天正二年の上洛時に示した「公家一統の政道」だったが、関連する政策が本格的に着手されたのは翌三年になってからのことだった。またこの年、周囲の軍事的混乱も収束しつつあった。信長はこれらを受けてみずからを天下人として強く自覚するようになったことは、前章で見たとおりである。

ところが信長を困惑させるできごとが朝廷の内側から、天皇の政治判断を原因のひとつとしてもちあがった。天正二年の蘭奢待切り取り、さらにその後の「怪災」に対する天皇の対応の仕方に三条西実枝が抱いた強い懸念が現実化したのである。

実枝が抱いた懸念は、天正二年のあいだは天皇へ内々に奏上されたり、親しい間柄であった僧侶理性院堯助宛の書状のなかで吐露されるだけであった。しかし天正三年に起きた絹衣《けんえ》相論、翌四年の興福寺別当職相論というふたつのあらそいが、信長を巻きこんだ政治問題として顕在化する。

これらの相論への対処について、天皇や周囲の廷臣たちはさほど重大な問題だとは考えていなかったふしがある。すでに戦国時代において、朝廷の政治判断能力は目に見えて低下しており、天皇や関白・公家衆など複数の判断主体が併存し、それぞれ自分の利益にか

天文 24（弘治元）年（1555）	
7月16日	後奈良天皇、常陸真言宗僧の絹衣着用を禁じる。
天正元年（1573）	
9月17日	興福寺別当に松林院光実、権別当に東北院兼深が任じられる。
天正2年（1574）	
7月9日	正親町天皇・応胤法親王、常陸真言宗僧の絹衣着用を認める。
天正3年（1575）	
6月25日以前	柳原資定、勅勘をこうむる。
6月25日	上乗院道順、中御門宣教を訪れ、綸旨作成を依頼する。
6月27日	信長、上洛する。
（この間）	信長、村井貞勝経由で絹衣相論のことを聞く？
	信長の要請により五人の奉行が設置される。
7月3日	青蓮院尊朝法親王、常陸薬王院に、相論再審議を伝える。
7月13日	信長、奉行衆以下公家衆の邸宅移転を天皇に要請する。
7月14日	資定、赦免される。
（この直後）	誠仁親王、尊朝に資定赦免と、朝廷の最終決定の大要を伝える。
7月16日	東北院兼深、日野輝資に、次期興福寺別当補任の手続きをうながす。
7月中旬〜8月	奉行衆の談合が頻りに開催される。
8月4日	天皇、江戸重通に、末寺の絹衣着用は本寺の判断とすることを伝える綸旨の日付。
8月20日	江戸重通宛綸旨を作成し、重通の使者に手渡す。
8月21日	資定、江戸重通に、天台宗側の行動を批判する書状を出す。
11月初旬	三条西実枝、奉行衆から離脱する。
12月頃	綸旨伝達の使者醍醐寺戒光院深増の絹衣着用が京都に訴えられる。
天正4年（1576）	
2月	常陸天台宗諸寺、深増の絹衣着用を抗議する。
（この間）	醍醐寺三宝院義演、深増のおこないを非難する。
5月12日	正親町天皇、松林院光実に興福寺別当辞退を命じる。
5月22日	兼深、輝資を通じ、南曹弁中御門宣教に、別当職補任の長者宣発給を要請する。
5月27日	興福寺大乗院家、兼深の別当補任に異を唱え、前門主尋円を推す。
5月28日	興福寺学侶・同良家衆、兼深の別当補任を非とする。
	大乗院家、尋円の別当補任を求める使者を京都に派遣する。

6月6日	信長、上洛する。
6月7日	曇華院聖秀女王、信長と対面し、兼深の別当職補任を申し入れる。
	信長、奉行衆と談合する。
6月8日	関白二条晴良邸において、尋円・兼深双方の言い分を尋問する。
	信長、晴良に対し、補任は旧来の寺法にしたがい氏長者が決めるべきことを伝え、その後安土へ帰る。
6月12日	兼深を別当に推す勅使として奉行衆が安土へ下向する。
6月20日	信長、万見仙千代・堀秀政を奈良に派遣し、興福寺の考えを問い質す。
6月21日	興福寺学侶、再度兼深の補任を非とする回答を提出する。
6月23日	惟住長秀・滝川一益が上洛し、兼深・奉行衆らの処分を伝える。
6月28日	天皇、前年の綸旨を守り、深増のおこないを非とする綸旨を出す。
6月29日	信長、天皇を叱責する書状を烏丸光康・飛鳥井雅教に出す。
6月30日	信長の書状と、誠仁親王へ献上された瓜が朝廷に届く。
(この直後)	誠仁親王、信長に、天皇の反省の弁を伝える。
9月2日	信長、深増を処罰する朱印状を出す。

第六章関係年表

なった方向にみちびこうとして統制がとれていなかった。しかも彼らはこのあり方がおかしいものだとは感じていなかった。実枝がそれに不信感を抱いていたことは第四章で見たとおりだが、信長にとってもまた、ふたつの相論における天皇・朝廷の判断には大きな問題があると受けとめられたのである。

常陸国(茨城県)の天台宗と真言宗のあらそいに端を発した天正三年の絹衣相論では、前年下された判断とまったく逆の判断を下そうとしていることが信長の耳に入り、信長は天皇の判断の極端な振幅に不審を抱いた。そこで彼は、天皇の判断の前に公家の奉行衆五人が談合して政務を決裁するような仕組みを提案し、そのうえでもう一度彼らの話し合いを求め、あらためて朝廷の判断が下されることになった。

翌天正四年に起きた次期興福寺別当職の座をめぐる相論では、当事者である興福寺の先例にもとづいて最終判断を下すようにと信長は助言をあたえている。ところがその直後、天皇は絹衣相論のとき置かれた公家の奉行衆を安土城に遣わし、興福寺の先例に反する側の僧侶を別当に推すことにしたと報告してくる。自分の提案が無視されたことに怒った信長は奉行衆の所領を取りあげ、彼らを謹慎処分にして、天皇の失策を強く批判する。

事の重大さに気づいた天皇は深く反省し、信長に対して奉行衆の赦免を乞い、詫びを入れるという前代未聞の事態に立ち至った。

ふたつの相論についてこれまでの研究では、朝廷において埒が明かなかった問題が信長のもとに持ちこまれ、彼の最終判断で決したものであり、朝廷の裁判権に信長が介入し、信長の判断が天皇のそれを凌駕することになった重要な事件と位置づけている。しかし最近ふたつの相論に関する研究が進むとともに新出史料が多く見いだされ、それらを含めて経緯を検討しなおすと、これまでの研究が信長の存在を過大に評価していたことがわかってきた。

そこで本章では、絹衣相論と興福寺別当職相論それぞれの争点と経緯を追いかけながら、信長がふたつの相論にどのように関わったのかを見きわめ、この時点における信長の

図5 絹衣（素絹）を着した僧（典拠：『法然上人絵伝』、『日本国語大辞典 第二版』所収）

天皇・朝廷に対する関係のとり方について考えてみたいと思う。

絹衣相論のはじまり

絹衣相論とは、天正年間のはじめ頃、常陸国の天台宗僧と真言宗僧の絹衣着用をめぐるあらそいに端を発し、それが京都のそれぞれの本寺・門跡を巻きこみ、さらに朝廷の裁可が求められ、信長もそこに関与することになった事件である。

絹衣とは素絹《そけん》の衣のことである。練っていない絹糸（生絹《すずし》）によって織られ、織りに紋様などを出さない比較的粗末な絹織物を意味し、おもに僧侶の法服として用いられた。ただし宗旨・階級によって着用の可否、染色のちがいが見られる。

絹衣はもともと天台宗僧が着用し、その特権的身分を示す法服であった。戦国時代常陸において勢力をもっていた国衆江戸《えど》氏は天台宗寺院を外護《げご》していたため、常陸国内では天台宗が勢威を誇っていたのである。ところが時期が下るにつれ、真言宗僧も絹衣を着用するようになり、天台宗側の不満を惹きおこした。江戸氏は真言宗寺院にも帰依し、それを背景として真言宗僧たちは着用しだしたらしい。常陸国内の武家勢力とからんだ仏教界における宗派対立が法服着用の是非をめぐるあらそいとして表面化したのである。

あらそいは常陸国内では収束せず、朝廷に裁可が求められた。正親町天皇の父後奈良天皇は、天台宗の訴えを認める綸旨（蔵人が奉じる天皇の命令文書）を出した（『願泉寺文書』）。天文二四年（一五五五）のことである。

綸旨は常陸の不動院という寺院宛に出された。東寺の門人、すなわち真言宗僧が絹衣を着用していることは「本寺の法度《はっと》」に背くものであり、「他門（天台宗）の衣躰《いてい》を犯用」しているという延暦寺（天台宗本寺）の訴えはたしかに了解した、今後は旧来のならわしにしたがい、天台宗寺院にこのことを触れてますます国家安全の祈禱怠りなきようにと命じたものである。天台宗の言い分を認めたことになる。

その後残された史料からこのあらそいのゆくすえがわかるのは、一九年後の天正二年（一五七四）になってからのことである。

天正二年七月九日付で東国天台宗・同真言宗に宛て正親町天皇の綸旨（奉者は蔵人頭兼左中将中山親綱）が出された。内容は、後奈良天皇の裁定をくつがえし、真言宗僧の絹衣着用を認めるものであった。

この二通の綸旨とおなじ日付で、やはり東国真言宗・同天台宗双方に宛てた梶井宮《かじいのみや》（梶井門跡）応胤法親王《おういんほっしんのう》の直書、および同法親王の令旨《りょうじ》（親王の命を奉じて出される文書）も出され

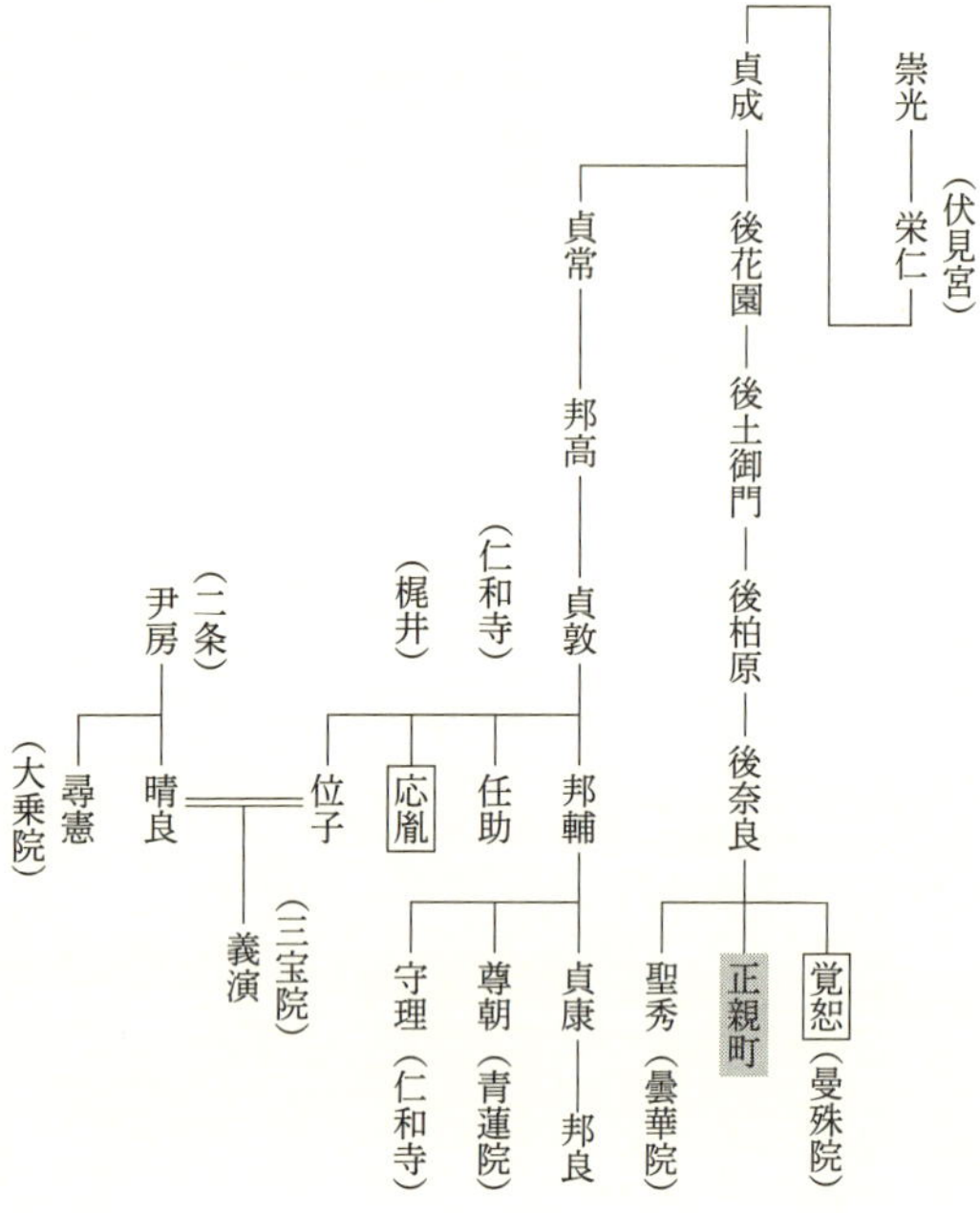

関係系図2

ている。つまり東国真言宗・同天台宗に宛て、綸旨・応胤法親王直書・同令旨という三点揃いがそれぞれ出されたことになる（『実相院文書』など）。

綸旨に添え天台宗側としての見解を示した梶井（現三千院）門跡は、青蓮院《しょうれんいん》門跡・妙法院《みょうほういん》門跡とならぶ天台宗三門跡のひとつである。応胤法親王は伏見宮貞《さだ》敦《あつ》親王の子にあたり、後奈良天皇の猶子《ゆうし》（相続権のない養子）として梶井門跡に入室し、天文二二年（一五五三）から元亀元年（一五七〇）まで足かけ一八年にわたり天台宗の首座である天台座主の地位にあった（関係系図2）。このとき彼が出した天台宗宛の直書には「勅裁が成されたうえは早くこれを了解せよ」とあるので、座主級の門跡が真言宗僧の絹衣着用を容認し、常陸の自宗派僧たちの了解を求めたことになる。

応胤の跡を受けて座主になったのは曼殊院覚恕《まんしゅいんかくじょ》法親王（正親町天皇の兄弟）である。彼が座主のとき信長による延暦寺焼討ち（元亀二年九月）があった。ただ覚恕は天正二年正月に没しており、それから同一三年に青蓮院尊朝《そんちょう》法親王が任ぜられるまでの足かけ一三年にわたり、座主は空席であった（『天台座主記要略』）。七月の綸旨発給に応胤が関わっているのは、座主空席ゆえかもしれないし、そういう時期をついて真言宗有利の綸旨が出されたということも考えられる。

ただそうであったとしても、天正二年になって一九年前の綸旨とは真逆の、真言宗有利の裁定が出た理由や経緯については、なお疑問が残る。この件が朝廷内で問題化するのは、ほぼ一年後の天正三年六月に入ってからのことである。このときの経緯については堀新氏と神田裕理氏の整理があるが、それぞれ解釈が異なっている。何人かの人間が関与して多少複雑になるが、ここでは新出史料をまじえ、あらためてわたしなりに整理したい。それは二人の理解ともおのずと異なるものとなろう。

天台宗の巻きかえし

天正三年六月二五日、上乗院道順《じょうじょういんどうじゅん》という僧が、当時天皇の命を奉じて綸旨を作成する立場の一人である蔵人右中弁の職にあった公家中御門宣教のもとを訪れた。上乗院は天台宗青蓮院門跡の門弟筋の院家《いんげ》（門跡に次ぐ格式のある子院）であり、道順は公家万里小路《までのこうじ》家出身、正親町天皇の嫡男誠仁親王の生母新大典侍局の兄弟として、天皇にも近しい立場にあった僧侶である。ちなみに理性院堯助も彼らの兄弟である（第四章の関係系図1参照）。

道順来訪の目的は、前年七月九日付で出された綸旨に問題ありとして、これを無効とするあらたな綸旨の作成を宣教に要請するためであった。彼は新大典侍局が天皇の命を奉じた女房奉書と、綸旨の案文（下書）を持参し、そのとおりに綸旨を作成するよう宣教に求めている。

前年出された綸旨は勝手に掠めとられたものであり、天皇の許可を取るための手続きが不十分であることが明白なのでこれを破棄し、天文二四年の綸旨のとおり執行しなさい、というのが、道順が作成を求めた綸旨案の中味であった。

『願泉寺文書』のなかに右の綸旨案に類似した文書が伝わっている。日付は「天正三年月日」となっており、これも案文と推測される。こちらは前年の綸旨は言語道断であり、天皇の意思とは関係なく、企みによって作成された偽書（「謀書」）であるときびしく難じている。

以上の経緯や文書の中味から次のようなことが推測される。天台宗側が最初に作成したのが『願泉寺文書』の案文だろう。それゆえ前年の真言宗有利の綸旨を批判しているのである。その後宣教に持ちこまれるまでのあいだに文案が加筆修正された。

道順の申し入れを受けた宣教は、すぐに綸旨を作成する手続きに入ったわけではなかった。彼は道順に対し、信長の京都奉行である村井貞勝に報告してから作成しましょうと返答した。宣教に示される以前に貞勝が関与していたことが『宣教卿記』からわかるので、念のためということなのだろうが、このときの宣教の判断が相論のゆくえを大きく左右することになる。

天台宗にとって、天正二年の綸旨は「奏聞相違の子細」があったという（『吉田薬王院文書』）。「奏聞相違の子細」といってもいまひとつ具体的なことがわからない。ただそのほかにも天正二年綸旨を糾弾した文書がいくつかあるので、そちらを参照してみよう。

七月中旬頃に誠仁親王から尊朝法親王に宛てた書状には、「去年七月の綸旨は、きぬのころも（絹の衣）御めん（免）にては候わぬを、日野一位（柳原《やなぎわら》資定《すけさだ》）申しようの文言をととのえくだし候につきて」とある。真言宗僧の絹衣着用を許可していないのに、柳原資定から指示された文言をそのまま綸旨にしてしまったということだろう。

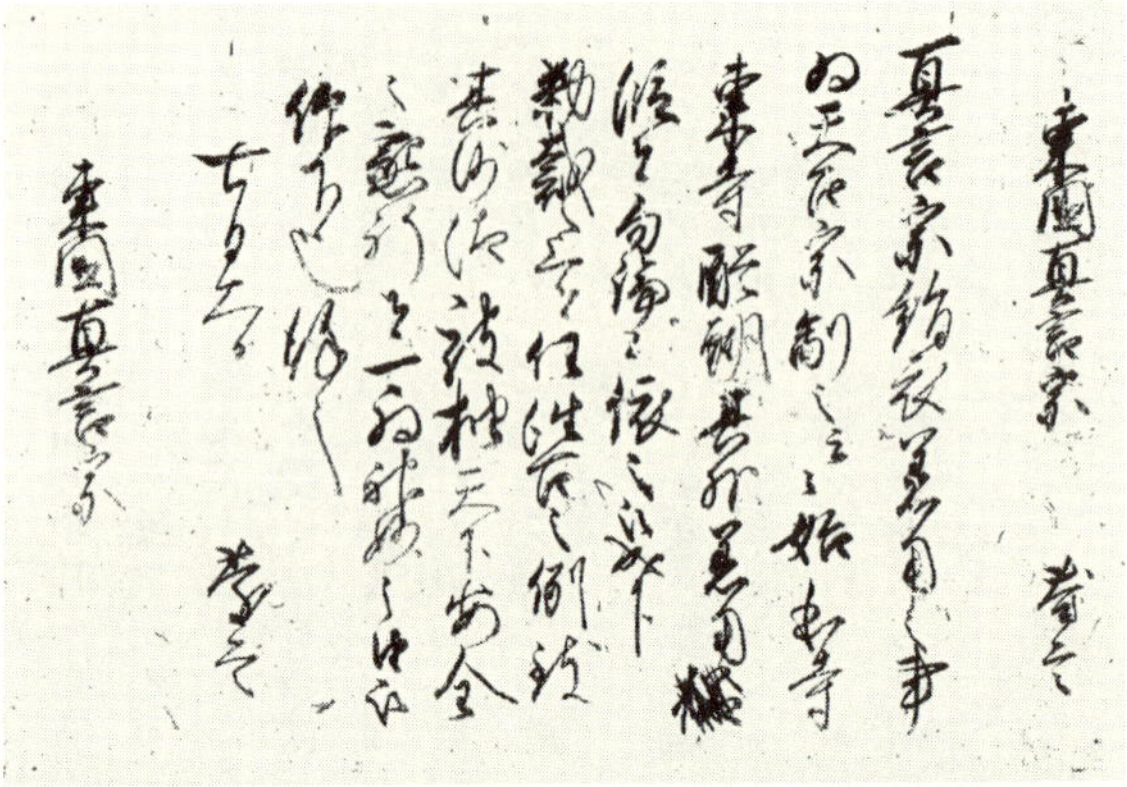

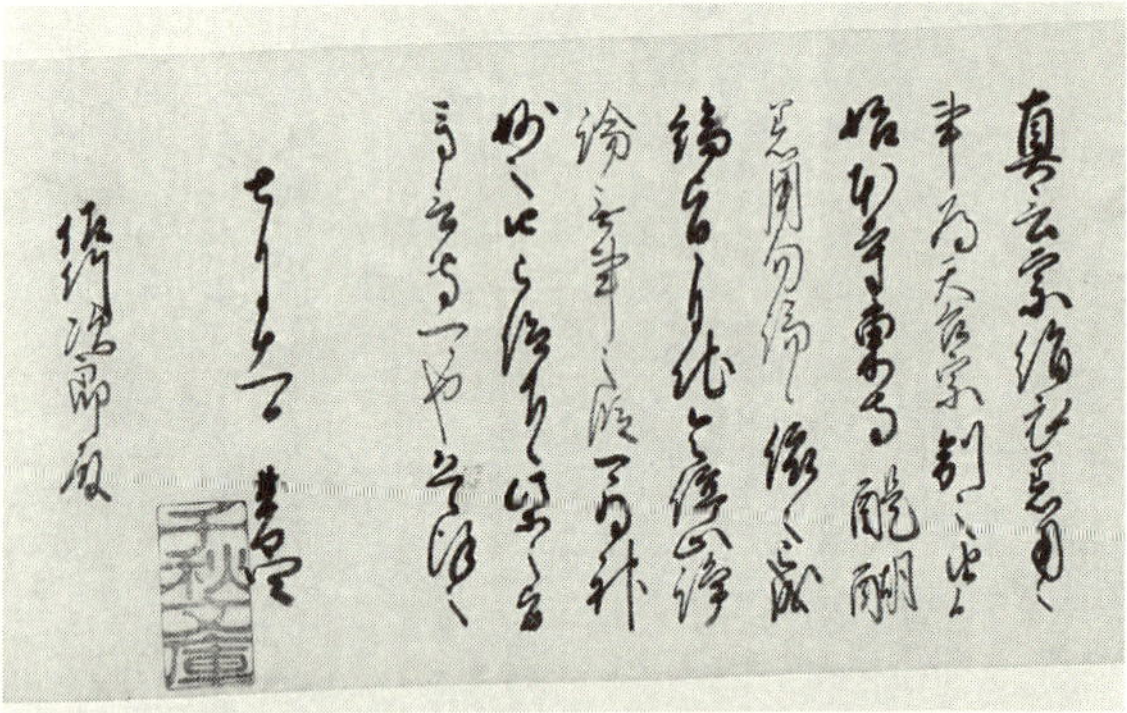

図6　天正２年、真言宗僧の絹衣着用を認める綸旨の発給を伝える書状。差出書はこれまで慶定・慶昌と読まれてきたが、いずれも資定であろう。（上：東京大学史料編纂所所蔵『古文書（徳川頼房書状以下二十二通）』、下：千秋文庫所蔵『佐竹古文書』）

実際に天正二年の綸旨から二日後の日付で資定から東国真言宗や佐竹義重に宛て、真言宗僧の絹衣着用を認める綸旨が発給されたことを伝える書状が出されている（図6『古文書（徳川頼房書状以下二十二通）』『佐竹古文書』）。これらの文書はこれまでの研究で使われてこなかった新出史料であり、綸旨発給に資定が深く関与していたことを裏づける〝物証〟である。

ただ、なぜ、どのように天正二年綸旨の作成に資定が関与したのか、具体的な様子まではわからない。通常の綸旨発給手続きからいえば、資定から申し入れがあった内容を、作成担当である中山親綱が天皇に奏上し、勅許を得たのち親綱が執筆するという流れになる。

『公卿補任』によれば資定は天正三年六月某日に勅勘《ちょっかん》をこうむった。勅勘とは天皇による謹慎処分であり、朝廷への出仕が止められ、儀礼への参加が禁じられる。天正二年における資定の行動は、天皇から咎められたのである。『公卿補任』からは勅勘処分が下された日付はわからないが、六月二五日に道順が宣教のもとにやって来た段階で、綸旨案の文面に「恣《ほしいまま》に綸旨を申し掠《かす》め」たとあるので、すでにこの時点で勅勘処分が出ていたと思われる。

ところがそのいっぽう、綸旨を直接作成した親綱はお咎めをこうむってはいない。親綱は資定に荷担したとはみなされなかったのである。あくまで推測だが、「（資定の）申しようの文言をととのえ下した」とあるから、勅許を得たと偽って資定が直接親綱に綸旨作成を要請したか、勅許を得るさいの奏上内容を曖昧にして天皇の判断を恣意的にゆがめたのだろう。

この時期の朝廷は、天皇の意思と関係なく、廷臣の意のままに天皇の命令書である綸旨を出すことが可能な状況にあった。三条西実枝が憂えた天皇と廷臣のあり方がここからもうかがえる。

なお勅勘をこうむった柳原資定はこのとき八一歳。六五歳の三条西実枝をはるかに超える公卿中の最長老であった。「日野一位」とも呼ばれているように、従一位という人臣最高の位階を授かり、さすがに官職の現任は退いて前権大納言であったものの、伊勢神宮関係の政務を差配する神宮伝奏の職にあって朝務に参加している。

彼と真言宗との関わりははっきりしない。ただし、真言宗寄りの立場だったことはまちがいない。勅勘が解かれ、最終的な綸旨が出されたあとの八月二一日に、綸旨の宛所である江戸《えど》重通《しげみち》に対し、「先例に任せて沙汰がおこなわれ、両宗が和睦するよう去年勅裁が出されたにもかかわらず、天台宗はこれを拒否し、造意を企て、今度使者を上洛させ、内奏によって天皇に濫訴《らんそ》（みだりに訴え出ること）したのは怪しからぬことである」と天台宗側の行動を「造意」「濫訴」と強く批判した書状を出している（『東山御文庫所蔵史料』勅封三五函甲）。「内奏」とは道順の行為を指すのだろう。これを見ると資定は、天正二年綸旨発給のさいのみずからの行動について何らやましさを感じていなかったようである。

信長の上洛と審議やり直し

先に、六月二五日における中御門宣教の判断が相論のゆくえを大きく左右したと書いた。というのは、ちょうどこの直後の二七日に信長が上洛してくるからである。前章でも触れたように、長篠の戦い（五月二一日）後はじめての上洛であった。

上乗院道順の要請により前年の綸旨を破棄する綸旨を発給することになったことはすぐに宣教から村井貞勝に伝えられ、二七日の上洛直後、貞勝は信長にこれまでの経緯とともにそれを報告したのであろう。その結果、天正二年綸旨破棄寸前で信長から待ったがかけられ、彼が指定した奉行五人による再審議がおこなわれることになったのである。

では、なぜ信長は相論の再審議を求めたのだろうか。奉行五人の一人に選ばれた三条西実枝が、再審議中の時期に真言宗側の僧侶（仁和寺か醍醐寺三宝院《さんぼういん》など身分的立場の高い門跡の誰か）に宛てた書状のなかで次のように書いている。

禁裏の御儀とも、如何辺《いかがへん》取り沙汰、余りにもって正体無きの由信長申され候わば、五人の奉行相定め候。一切諸事の儀直奏《じきそう》候。（『東寺百合文書』イ函）

実枝は奉行が定められた経緯について、「天皇のなさりようについて、どのようなお考えがあって決められているのか、あまりに頼りないありさまである」と信長が言ってきたからだと述べている。直接的なきっかけは、寸前まで進んでいた前年の綸旨の破棄、真言宗僧の絹衣着用を認めないという方向での判断が出されようとしていたことかもしれないが、差し戻しの結果、最終的に出された裁決から推測するかぎり、信長の不審は相論に対する天正二年以降の朝廷の対応全般におよんでいたと思われる。

不審の核心は、天文二四年に一度天台宗有利の判断が示されたあと、天正二年に真言宗僧の絹衣着用を認め、それから一年も経たないうちにふたたびこれを破棄するという判断の振幅の大きさにある。判断の時間的間隔が短く極端であるほど、その命を下す者への信頼は低下するだろう。短期間に正反対の命令を下そうとしている天皇の政治判断のあり方（あるいは朝廷の意思決定のあり方）に信長は強い懸念を抱き、勅断以前に奉行五人のもとで審議させ、最終決定させようとしたのである。

信長が定めたという奉行五人とは、権大納言三条西実枝（六五歳）・同勧修寺晴右（五三歳）・同庭田重保《にわたしげやす》（五一歳）・権中納言甘露寺経元《かんろじつねもと》（四一歳）・前権大納言中山孝親（六四歳）である。彼らは別に「五人の伝奏」とも呼ばれている（『輪王寺文書』誠仁親王書状案）が、本書では以下彼らを「奉行衆」と呼ぶことにする。

彼ら奉行衆の職務は朝廷と信長のたんなる連絡役にとどまらなかった。前述のように絹衣相論の再審議が彼らに求められたほか、朝廷に持ちこまれた別の訴訟案件なども彼らによって討議されており、これまでの研究でも注目されている。まずは奉行衆による絹衣相論再審議の経過に絞って簡単に見てゆこう。

奉行衆が定められたのは、信長が上洛した二七日から、尊朝法親王が彼らの設置を常陸薬王院に伝えた七月三日までのあいだである。彼らは絹衣相論の再審議にのぞむいっぽう、天皇に柳原資定の赦免を申し入れている。資定の赦免は同一四日のことである。

このことを尊朝に伝えた誠仁親王の書状には、「天文二四年から去年の綸旨まで悉く破棄し、今後は本寺の法度を守るべしというのが五人の討議の結論です」（『輪王寺文書』）とある。その綸旨は八月四日付で出された（『願泉寺文書』）。宛所は常陸の有力国衆江戸重通である。

天文二四年（天台宗有利）・天正二年（真言宗有利）の綸旨、天正三年六月二五日に新大典侍局・上乗院道順の主導によって出されようとしていた綸旨（天台宗有利）のように、いずれかいっぽうの理を認めるのではなく、すでに出された綸旨すべてを無効とし、ましてや六月二五日の綸旨案も認めず、今後末寺（このばあいは常陸国内の天台宗・真言宗寺院）僧の絹衣着用については、それぞれ京都の本寺の判断にゆだねることとなり、朝廷として理非を判断することを放棄したのである。そして綸旨の国内への周知は、両宗と深い関係をむすんでいた国衆江戸重通に一任された。

それでもなお本寺の判断にて決着しないところがあったら天皇が命を下すとあるけれど、この八月四日付綸旨は、これまでの絹衣相論に対する朝廷の関わり方からすれば明らかに腰が引けている。もっとも信長が天正二年以降の判断のあり方を疑問視したゆえ奉行衆に再審議を要請した経緯からすれば、落ち着くべきところに落ち着いたということなのかもしれない。

絹衣相論における信長の立場

信長のてこ入れによって奉行衆が定められ、朝令暮改のように振幅の大きな判断を下すことによる朝廷の信頼低下は未然に回避された。ところが相論はこれでは収まらなかった。常陸に綸旨をもたらすための使者であった醍醐寺戒光院の深増《しんぞう》という僧侶が、こともあろうにみずから絹衣を着して常陸に下向したため、当地の天台宗寺院の反発をまねき、それが京都にも報じられたのである。天正三年一二月のことだった（『吉田薬王院文書』）。常陸の天台宗諸寺から朝廷に対しこのことが訴えられた。朝廷では深増の身分的上位者にあたる醍醐寺三宝院門跡の義演《ぎえん》らに対し尋問がなされ、その結果、天正四年六月二八日、義演に対して、深増のおこないを罪とし、天正三年八月四日付の綸旨を守るよう命ずる綸旨が出された（『輪王寺文書』）。

深増はこれによって綸旨に背いた罪人となり、信長は彼を「悪僧」と呼んで醍醐寺からの追放処分とした。深増を断罪した朱印状（義演宛）のなかで、信長もまたあらためて天正三年綸旨が有効であることを確認している（『輪王寺文書』）。

かつて絹衣相論は、一地方の宗教勢力の紛争が朝廷と信長を巻きこむかたちで拡大した事例として注目され、研究が進められてきた。そのなかでは、この相論が織田信長の武断によって解決したととらえられている。

しかし堀氏・神田氏の研究をふまえ、ここまで見たように、信長が相論を解決したわけではないことは明らかである。それではこの相論において信長が果たした役割はいかなるものであったのだろうか。

信長が絹衣相論について知ったのは、長篠の戦い後に上洛した天正三年六月末頃であった。前年天正二年の綸旨とのあいだの振幅の大きさに信長は不審を抱き、奉行衆の設置を求めて再審議を要請した。天正三年における信長の役割はこれに尽き、それ以上でもそれ以下でもない。いずれの宗派に理があるかという判断にまでおよんでいない。

天正四年段階においても、信長の態度は天正三年綸旨を遵守する朝廷の方針に反するものではない。神田氏が指摘しているとおり、このときの信長の役割は、天正三年綸旨に背いた戒光院深増を処罰することであった。もちろんその後も天台・真言の門跡たちは天下人として力のあった信長に相論の解決を期待し、訴えることがあったけれども、いずれにせよ立場は受け身であって、みずからあらたな方針を示すようなことはしていない。

絹衣相論が示している問題とは、信長が朝廷政治に口をはさんでみずからの望む方向にみちびこうとしたことではなく、あくまで天皇が政治的判断をおこなうさいの手続き、あるいは天皇の政治的判断の示し方といった朝廷政治の乱れにある。そこを信長がどう解決しようとしたのかという点から、信長の関与を考える必要がある。

奉行衆の役割と三条西実枝の離脱

次の興福寺別当職相論に入る前に、この相論でも大きな役割を果たすことになる「奉行五人」「五人の伝奏」（本書で奉行衆と呼んでいる人びと）について、先行研究をもとに、設置されてからの彼らの役割とその推移を確認しておきたい。

奉行衆は、三条西実枝・勧修寺晴右・庭田重保・甘露寺経元・中山孝親の五人である。彼らは天正三年六月末に信長が上洛した直後、絹衣相論を再審議するため信長の提案により定められた。

まず彼らは、前年綸旨発給に関与して勅勘に処されていた柳原資定の赦免を天皇に申し入れた。その後たびたび談合を重ね、八月四日付綸旨の発給にこぎつけた。綸旨と一緒に五人が連署した副状も出された（『願泉寺文書』）。副状について奉行の一人三条西実枝は、先にも触れた真言宗門跡宛書状のなかで「五人の副状がなければ悉く綸旨の効力はないと定められたことは、上古の記録所が再興されたかのようであり、めでたいことである」と述べている（『東寺百合文書』）。綸旨を保証するものとして、五人の連判副状が必要とされたのである。

しかしながら、これと同様の奉行衆の連署状はほかに確認されていない。いまのところ絹衣相論のときに出されたこの一通のみなのである。そこで右の実枝の副状における発言は絹衣相論に限定したことなのかもしれないという疑問が浮かぶけれども、「悉く」とある点から、右の文章は奉行衆の職務一般に適用されると解釈したほうがよさそうである。

じっさい『孝親公記』を見ると、七月中旬頃から奉行衆の邸宅持ち回りで談合がおこなわれていることは確認される。話し合われた問題は、朝廷に持ちこまれた所領関係の紛争、いわゆる所務沙汰や、天皇が最終的に決定権を有する寺院の住持職の人事など多様であった。

また奉行衆設置の直後、信長は彼らの邸宅を御所周辺に移動させようとしていた。『御湯殿上日記』七月一三日条に、「かの五人衆・摂家・清華《せいが》、そのほか皆公家衆この御所の東南に家々建てさせ申すよし、信長申し入れ候」とあり、天皇はこれも了承した。この記事から、奉行衆が摂関家などと区別される立場として把握されていたことはすでに指摘されているが、信長は彼らの邸宅を御所近くに移転させることにより、政務遂行の円滑化をはかろうとしたのだろう。天正三年における「公家一統の政道」実現のための基盤整備の一環と位置づけることができる。

実枝は、奉行衆による合議体制を上古の記録所が再興されたかのようだと喜んだ。前年より期待していた「公家一統の政道」に連なるものと認識したのである。記録所とは、朝廷に持ちこまれる紛争を処理する機関として鎌倉時代に治天の君のもとに設置されたそれを指すと思われる。

しかしながらその実枝からして、職務のあまりの忙しさに弱音を吐いている。前述の書状のなかで、老体であるにもかかわらず毎日のように談合があって堪えられそうにない、現在ではこのような訴訟沙汰を皆気楽に持ちこんでくる（「遊びの詞《ことば》をもって申し入れ候」）

が、結局諸人の恨みは一身（判断を下さなければならない奉行衆ということか）にふりかかってくるので、どうか身体安全について祈念してほしい、などと相手の僧侶に懇願している。結局、実枝は絹衣相論の綸旨発給後、一一月初旬までには奉行衆から離脱してしまう。この頃から実枝を除く四名をまとめて「四人衆」と呼んでいることが確認されるからである。天正三年一一月以後奉行衆は勧修寺晴右・庭田重保・甘露寺経元・中山孝親の四人となり、興福寺別当職相論も彼らが関与することになる。

第四章でも述べたが、老齢のため奉行としての職務に堪えられないと訴え、奉行衆からは外れたものの、実枝はその後もひきつづき信長と朝廷をむすぶ伝奏の立場にありつづけた。さらに第五章において述べた信長・信忠父子任官の経緯からも明らかなように、彼は対信長という局面における朝廷側の最重要人物であった。

ところで、実枝が抜けたあとも奉行衆がそれまでどおりの職務をつづけていたかどうかについては、史料が乏しくいまひとつ明らかではない。これまでの研究であげられている史料を読むと、天正三年に見られるような訴訟の談合ではなく、もっぱら信長と朝廷をむすぶ伝奏の役職にもとづくものと言っていいように思われる。部分的に中山孝親の日記は残っているものの、天正三年のような談合の記事は見られない。先に述べたように、綸旨を奉行衆が保証するための副状も絹衣相論のとき以外確認できない。極端に言えば、彼らの活動は絹衣相論によって設置された天正三年しか知られていないのである。

興福寺別当職相論での不手際により彼らは信長から叱責されるが、そのさい吉田兼見は、彼らの職務について「禁中の儀諸事談合を加え、その上をもって左大将（信長＝右大将の誤り）殿へ御意を得べきの旨、左大将殿より相定めらると云々」と記している（『兼見卿記』天正四年七月六日条）。これはこの天正四年になってこうした職務内容が定められたのでなく、定められたときに彼らに課せられた内容を指すのだろう。

この記事を根拠のひとつとして、信長が朝廷の諸事に関与していたとか、勅断に制限をくわえようとしていたと論じられているが、そもそも京都に滞在する時間がかぎられている信長に、奉行衆が談合して決裁した「禁中の儀諸事」をいちいち捌《さば》く余裕があったとは考えられず、史料的にもそれを示すものは残っていない。別当職相論のとき、四人衆が安土に派遣され信長の「御意を得」ることがおこなわれたので、当事者でない兼見はこのときの彼らの行動と天正三年の奉行衆設置のときの古い情報を混乱させ、あたかも当初からの彼らの職務であったかのように日記に記しているのではないだろ

在任年月	備考
7年5ヵ月	
3年7ヵ月	権別当から
4年6ヵ月	任期中に寂
3年2ヵ月	
2年4ヵ月	権別当から
3年2ヵ月	権別当から
1年9ヵ月	権別当から
1年	再任
12年5ヵ月	
14年6ヵ月	
5年11ヵ月	
1年2ヵ月	
2年9ヵ月	権別当から
2年10ヵ月	
1年7ヵ月	
8年2ヵ月	
3年10ヵ月	

別当	在任期間
一乗院良誉	永正9年（1512）3月 ～ 永正16年（1519）6月
東北院兼継	永正16年（1519）6月 ～ 大永元年（1521）12月
大乗院経尋	大永2年（1522）3月 ～ 大永6年（1526）7月
西南院円深	大永6年（1526）8月 ～ 享禄2年（1529）9月
東門院孝縁	享禄2年（1529）9月 ～ 享禄5年（1532）1月
光明院実憲	享禄5年（1532）1月 ～ 天文4年（1535）2月
東北院晃円	天文4年（1535）2月 ～ 天文5年（1536）閏10月
東北院兼継	天文5年（1536）閏10月 ～ 天文6年（1537）10月
一乗院覚誉	天文6年（1537）10月 ～ 天文18年（1549）11月
大乗院尋円	天文18年（1549）11月 ～ 永禄6年（1563）12月
喜多院空実	永禄6年（1563）12月 ～ 永禄12年（1569）8月
修南院光尊	永禄12年（1569）8月 ～ 元亀元年（1570）10月
光明院実暁	元亀元年（1570）10月 ～ 元亀4年（1573）6月
松林院光実	天正元年（1573）9月 ～ 天正4年（1576）6月
大乗院尋円	天正4年（1576）6月 ～ 天正5年（1577）12月
大乗院尋憲	天正5年（1577）12月 ～ 天正13年（1585）11月
東北院兼深	天正13年（1585）12月 ～ 天正17年（1589）8月

表5　戦国時代の興福寺別当
※『興福寺別当記』下などに拠る。

うか。

奉行衆の職務や、奉行衆（伝奏ではなく）としての存続期間については、右の『兼見卿記』記事にとらわれず、これから述べる興福寺別当職相論なども含めて、今後よりいっそうの検討が求められる課題である。

次期興福寺別当職をめぐる運動

第三章でも述べたが、興福寺は古代以来の伝統を誇り、藤原氏の氏寺として朝廷とも深いむすびつきを有した大和の有力寺院であり、その首座は別当（寺務）と呼ばれた。一六世紀頃の

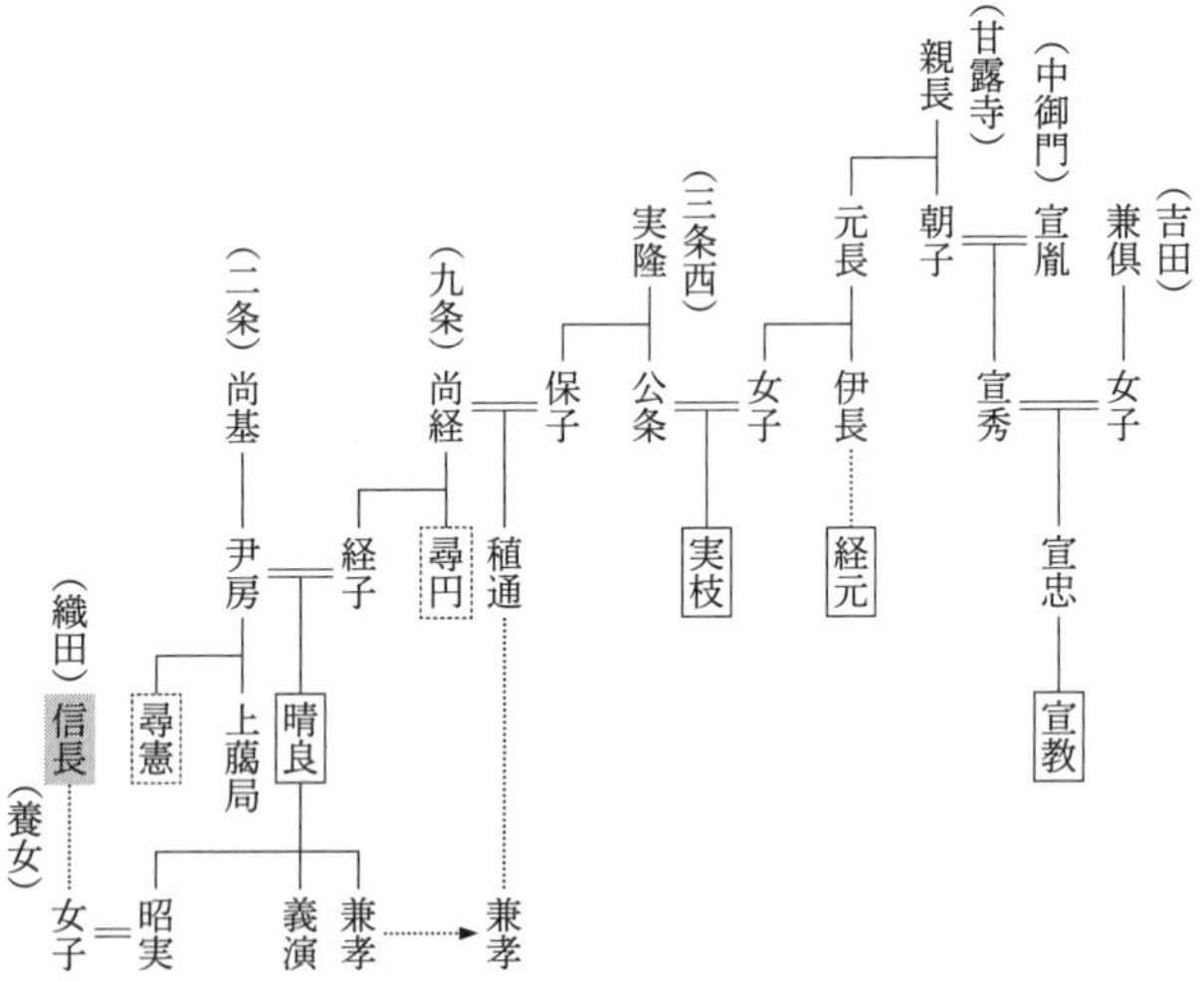
（吉田）兼倶
女子
（中御門）宣胤
宣秀
宣忠
宣教
（甘露寺）親長
朝子
元長
伊長
経元
女子
（三条西）実隆
公条
実枝
保子
（九条）尚経
稙通
尋円
経子
兼孝
（二条）尚基
尹房
晴良
上臈局
尋憲
兼孝
義演
昭実
（織田）信長
（養女）
女子

関係系図3

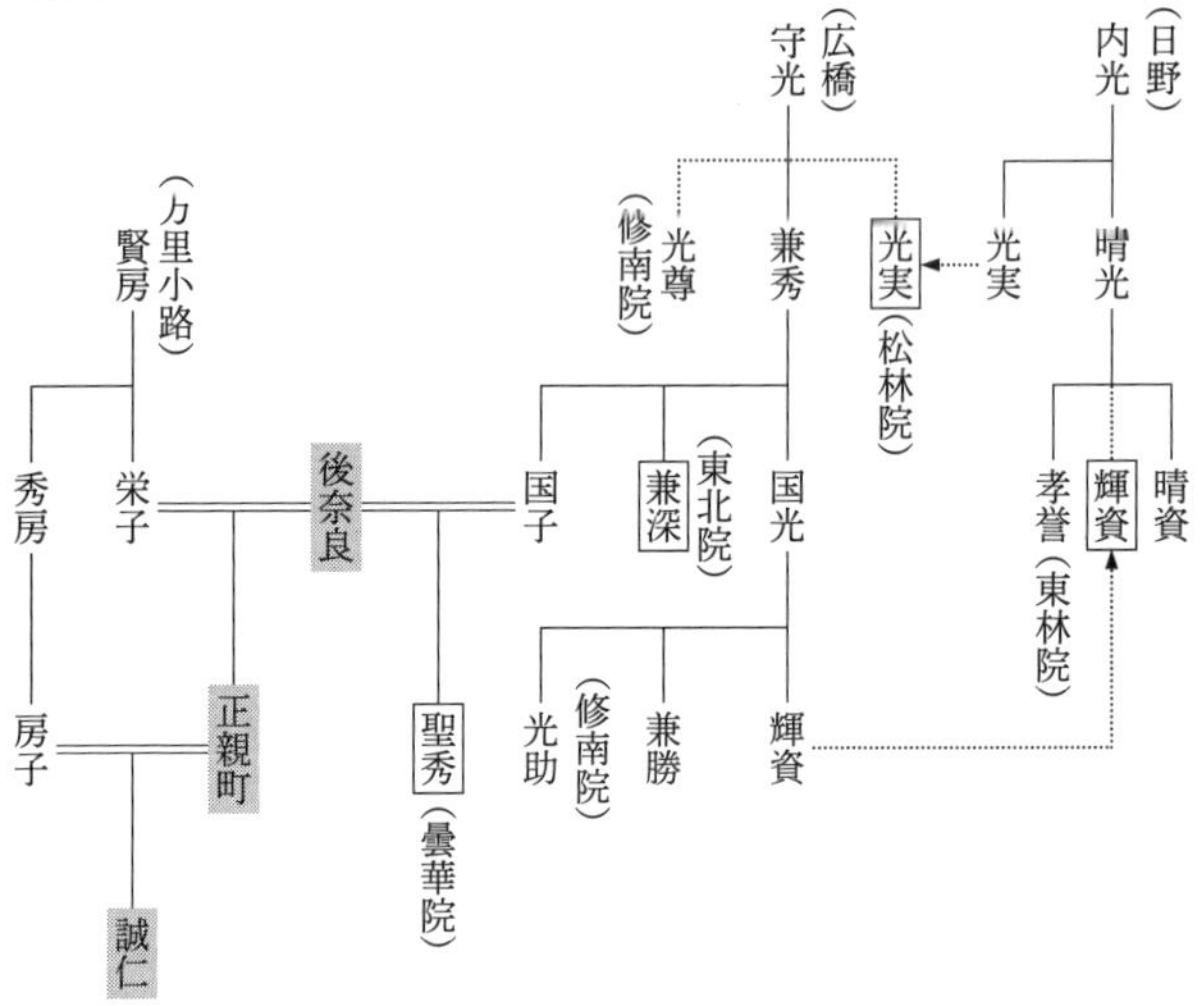
（日野）内光
晴光
光実
晴資
輝資
孝誉（東林院）
（広橋）守光
光実（松林院）
兼秀
光尊（修南院）
国光
兼深（東北院）
国子
輝資
兼勝
光助（修南院）
後奈良
聖秀（曇華院）
正親町
（万里小路）賢房
栄子
秀房
房子
誠仁

関係系図4

別当は、興福寺の二門跡（一乗院・大乗院）、および寺内各院家（良家衆）の院主のなかから任じられていたようである（表5）。手続きとしては、次期別当となることが内定した僧侶に対し、まず藤原氏の氏長者（多くは当時の関白）が出す命令文書である長者宣によって補任がなされ、それを受けて勅許（補任の口宣案）が出た。

天正四年六月頃、ふたりの僧侶がこの職をめぐってあらそった。大乗院の前門主尋円《じんえん》と東北院兼深《けんしん》である。尋円は関白九条尚経《くじょうひさつね》の子で、すでに大乗院門跡を附弟《ふてい》の尋憲（関白二条晴良の弟）に譲り、「大御所」と呼ばれる立場にあった（関係系図3）。いっぽう兼深は公家広橋兼秀《ひろはしかねひで》の子で、当時二八歳という若さだが、別当の次位にあたる権別当《ごんのべっとう》であった（関係系図4）。

天正四年当時、興福寺別当の座にあったのは松林院光実《しょうりんいんこうじつ》という僧侶である。光実は公家日野《ひの》家出身で、兼深の祖父広橋守光《もりみつ》の猶子として興福寺松林院に入室している。つまり兼深とは叔父甥の関係にあたる。天正元年九月に別当に補任され、同時に権別当となった兼深とともに在職は足かけ四年目に突入していた。

興福寺別当職に任期は定められていないが、表5を見ると、長期間その座にあった両門跡を除けば、おおよそ三年前後で交替していたようである。また門跡を除けば権別当がそのまま別当に昇任するばあいが多かった。そうした状況を受けてか、権別当兼深は天正三年七月頃に甥の日野輝資《てるすけ》を通じ次期別当補任の運動をおこなっていることが確認される。

しかし光実が別当退任を受け入れなかったようで、天正四年に入ってから兼深の督促は激しさを増し、とうとう天皇から光実に対し、すでに年季が満ちているので辞退せよとうながす命令まで下された。それでもなお光実は言を左右にして退任を拒否したため、兼深・輝資は、氏長者と興福寺とをむすぶ実務責任者であった南曹弁《なんそうのべん》の中御門宣教に対して、補任の長者宣を発給するよう直接働きかけをおこなうに至った。しかしながら宣教の動きもにぶく、氏長者である関白二条晴良に取り次ぐからと答えるだけで、積極的に動く気配はなかった（『東北院寺務職競望一件』『宣教卿記』）。

兼深に次期別当の内諾が出ていたにもかかわらず、光実はなぜ退任を渋ったのか、また宣教がなぜなかなか動こうとしなかったのか、理由は不明である。ふたりの背後に共通の利害があったのかどうかもはっきりしない。しかしこの〝時間稼ぎ〟ともとれる行動が、結果として別当職をめぐる有力な競争者（尋円）の出現をもたらすことになった。

尋円・兼深の対立と信長の登場

このなか、大乗院家より兼深の別当補任に異が唱えられた。兼深が「未探題」（後述）であるにもかかわらず「叡慮を掠め」て別当になることは怪しからぬことであり、彼の行為は興福寺内の門跡・良家の身分秩序を損ない、興福寺の決まり事を壊すたくらみであるから、寺として朝廷へ厳重に訴え出てほしいという抗議である（『大乗院後法乗院尋円記』）。興福寺の寺僧集団（学侶）や兼深とおなじ身分的階層にあたる「良家衆」も同様に兼深補任を拒否する声明を出した（『東北院寺務職競望一件』）。

前述のように、興福寺僧の上位身分層として、門跡・良家があった。一乗院・大乗院の両門跡はいずれも摂関家の子弟が入室して門跡を嗣いだ。その下の良家衆は、松林院光実や東北院兼深のように、公家のなかでも摂関家より下位にある階層の家から入室しており、朝廷内部のそれと対応した厳然たる上下関係が存在した。

相論の三年前である天正元年（元亀四年）の年頭に大乗院尋憲が日記に記した興福寺内上位層の構成について、表6として示す。天正四年時点においても表6と大きく変わっていないと思われる。良家衆（尋憲は「両家衆」とする）は八名おり、兼深は年齢順で若いほうから二番目、彼より上位の六名中四名が別当経験者（もしくは在職者）である。天正四年の相論においては、兼深の同輩にあたる良家衆すらも兼深の別

	名前	年齢	出身
門跡	大乗院尋憲	33	二条家
	一乗院尊勢	11	近衛家
良家	喜多院空実*	80	徳大寺家
	修南院光尊*	72	日野家
	光明院実暁*	(57)	菊亭家
	松林院光実*	53	日野家
	東門院孝憲	不明	北畠家
	東林院孝誉	37	日野家
	東北院兼深	28	広橋家
	西南院光深	26	不明

表6　天正元年の興福寺門跡・良家
※『尋憲記』元亀四年条巻頭記事、『興福寺別当記』『系図纂要』などによる。*印は別当経験（在職）者。

当就任に難色を示したのである。

さて、大乗院家からの兼深補任阻止の動きは、対立候補擁立とも連動している。五月二八日に尋円の再任を求める使者が京都へ派遣され、六月四日には尋憲が上洛した（『多聞院日記』『宣教卿記』）。表5にあるように、そもそも尋円はかつて足かけ一五年にわたり別当を務めたことがあり、辞してからでも十数年が経過していた。今回任ぜられたならば再任ということになる。門主も退いた立場でいまさらの感がある尋円がなぜ別当職に名乗りをあげたのだろう。

これを受けて朝廷では双方からそれぞれの主張を提出させている（『東北院寺務職競望一件』）。双方の主張のなかで大きな争点となったのは、兼深が「未探題」であったという点である。

興福寺にとって最大の法会である維摩会《ゆいまえ》において重要な役割は、講問論義《こうもんろんぎ》の論者である講師《こうじ》であり、これを務めた者を「遂講《すいこう》」という。いっぽう探題とは、維摩会において、竪《りゅう》義論義《ぎろんぎ》の出題者を務める立場の僧侶である。探題もまた講師とならび維摩会における大役であった。尋円の主張によれば、門跡は探題を務めておらずとも別当になることができるが、良家の者は探題が必要条件であった。

兼深は永禄七年（一五六四）の維摩会で一度講師を務めているが、その後維摩会はおこなわれておらず、探題を務めて早く別当の条件を満たしたくても、それができなかった。だから兼深は未探題のまま別当に就いた先例をあげ、みずからの正当性を主張したのである。しかし大乗院家・興福寺学侶・同寺良家衆は、兼深があげた例は特例だとして、彼が別当になる資格を欠いていると難じた。

ふたりの主張がぶつかり合っていたちょうどそのとき、信長が上洛してくる。上洛は六月六日だった（『言継卿記』）。第五章で触れたように、大坂本願寺攻撃軍の危急を支援するためみずから駆けつけ、足を負傷しながら激戦を指揮し、その後ほぼひと月ほどかけて本願寺攻めの布陣を立て直してからの帰陣であった。そして前年の絹衣相論のときと同様、帰陣直後に相論のことを耳にしたと思われる。

先に、双方の主張を聞いたのち示した信長の判断から見てみよう。関白二条晴良宛の書状である。

昨日曇華院《どんげいん》殿より、興福寺寺務職の事仰せられ候。今日直談《じきだん》せしめ候ところ、一向相違候。所詮近代有り来たりのごとく、寺法に任せ、家門として仰せ調えらるべき事専一に候。自然叡慮を申し掠め、参差《しんし》の儀候わば、御意見簡要に候。恐々謹言。

六月八日　　　信長（花押）

二条殿　（『尊経閣古文書纂』）

信長は上洛翌日の七日に、尼門跡の曇華院聖秀《しょうしゅう》女王から、興福寺別当職に関して何らかの申し入れを受けた。そこで八日に「直談」したところ、「相違」していることがわかった。このため、「従来の寺法に任せて家門（晴良）から命令を下されるのがよろしい。もし天皇の意思をかすめ取り、間違った方向に向かいそうになったら、あなたから意見をする必要がある」という判断を示した。従来の寺法どおり、氏長者が決定すべきというふたつが信長の判断の要点である。

この判断が尋円勝利を結果することは信長も理解していたようである。したがって客観的にみれば彼の判断がそこへみちびいたと言うこともできるのかもしれないが、信長としては尋円・兼深のいずれかに旗を上げたつもりではないだろう。絹衣相論の時と同様、みずからが理非を判断するのではなく、あくまでこれまでなされてきたやり方にしたがって決めるのがよろしいという方向での意見であった。

右の信長の判断はどのような流れで出されたのだろうか。

関係系図4にあるように、曇華院聖秀は天皇の異母妹であり、兼深は彼女にとって母方のおじにあたる。それを考えると、聖秀は兼深の別当補任を信長に直談判したのではないだろうか。申し入れを受けたその日(七日)、信長は公家衆が挨拶にやってくるのをことわり、奉行衆(四人衆)とだけ会って何やら談合したという(『言継卿記』『宣教卿記』)。聖秀の申し入れを受け、奉行衆に事情を聞いたのだろう。

八日の「直談」というのは、別の史料によれば二条晴良の邸宅においておこなわれた。こ奉行衆や南曹弁宣教、大乗院からの使者もその場にあった(『大乗院後法乗院尋円記』)。こののとき双方の主張がやりとりされ、「相違」が鮮明となった。信長はその結果を受け、右に引いた書状を晴良に出したのである。

信長は八日そのうちに安土へ帰った(『信長記』『兼見卿記』)。これで相論は解決したと思っただろう。

信長の怒り

ところが相論はこれでは終わらなかった。天皇は、尋円側からの抗議はあったが、兼深が未探題別当就任の先例を示し、先に勅約をなしたことでもあるので、あらためて兼深を推すという女房奉書を出し、これを信長に伝えるために奉行衆を安土へ遣わしたのである。彼らは一二日に勅使として安土へ下った(『宣教卿記』)。

兼深は、八日の判断は晴良が信長の判断をねじ曲げたのであってしたがえるものではないため、もう一度信長に面会して先例があることを訴えようとしたところ、早々に安土へ帰ってしまった、とあらためて未探題別当就任の先例を書きあげて提出した（『東北院寺務職競望一件』）。天皇はこれをもとに判断したとみられる。

奉行衆もまじえて談合をおこなった結果八日に意向を示したつもりだったが、その奉行衆から逆の天皇の命を聞かされた信長は耳を疑ったにちがいない。二〇日になって側近の万見《まんみ》仙千代《せんちよ》・堀秀政《ほりひでまさ》を奈良へ派遣し、もう一度興福寺の考えを問いただした。翌日興福寺の寺院経営を担う僧である五師《ごし》たちは八日以前とおなじ主張をくりかえし、兼深の望みをあらためてしりぞけた。

万見・堀の両使はこれを安土へ持ち帰り、信長も最終的な判断を下した。二三日に安土より惟住（丹羽）長秀・滝川一益《たきがわかずます》の重臣ふたりが上洛し、その結果を伝えている。それは、自分の筋目を押し通した兼深、彼を推す天皇の判断を勅使として伝えた奉行衆の処罰である。信長はあくまで興福寺の寺法・慣行を尊重したのである。彼らの行動は、「笑止の沙汰」「御気色もってのほか」と、信長の怒りを買ってしまった（『言継卿記』『宣教卿記』）。

兼深は資財を差し押さえられ、権別当の職を解かれて寺外へ追放された。奉行衆は、勧修寺晴右・庭田重保・甘露寺経元・中山孝親だけでなく、晴右の代理として安土へおもむいた子の勧修寺晴豊、重保の子庭田重通、孝親の子中山親綱もまた咎められ、彼ら七人は前年あたえられた所領を召しあげられ、蟄居《ちっきょ》を余儀なくされた（『公卿補任』『言継卿記』）。信長の右筆である武井夕庵も彼らに同調していたのか、家中から追放されている（『多聞院日記』、ただしほどなく許されたらしい）。

右の処分を見ると、肝心の判断を下した天皇に信長の怒りはおよばず、まわりの者が犠牲となって罪をこうむったようだが、実はそうではない。相論が一段落した六月二九日、信長は烏丸光康《からすまるみつやす》・飛鳥井雅教の両権大納言に宛て、次のような書状を認めた。信長の天皇・朝廷に対する考え方を示した重要な史料であるので、全文を掲げ現代語訳も一緒に示す（写真は章扉参照）。

今度南都寺務の出入り、尤も納得あるべく候。沙汰の限りの子細に候。万々朝廷相滞り候えば、下々猥りの段勿論、これにより相紛れざるの様にも、四人衆誓紙をもって申し定め候ところ誠に明鏡の段、不届きの仕立て申すばかりもなく候。しかる時は禁裏御外聞を失わるるの儀に候。さ候えば信長も同前面目を失い候。しかりといえども自今以後のため申し沙汰せざるも如何の条、右の分に候。しかしながら各々いまだ糺さざるのゆえ、口惜しき題目に候。上の御事申すにおよばず、傍輩中見限り候。さりながら冥加のために候あいだ、この瓜親王様へ進上候。些少候といえども、濃州真桑《まくわ》と申し候て、名物に候あいだ、かくのごとく候。その意をなされしかるべく候様、奏達専一に候。謹言。（今度の別当職相論の件は納得していただきたい。言語道断のことです。万が一朝廷の政務に滞りがあれば、下々まで乱れることはもちろんです。そういうことがないように誓約書をとって四人衆を定めたのですが、彼らの不届きのおこないには言葉もありません。そんなことをしていれば天皇の威信が失われます。そうなると信長もおなじく面目を失うのです。しかし今後のためにも、何もしないわけにはゆかないので、あのような決断を致しました。皆がしっかりしないので残念なことです。天皇のことは申すまでもなく、公家たちをも見限ることになりますよ。とはいえ冥加のため、この瓜を親王様に献上します。少ないですが美濃真桑のもので名物です。心得てしかるべく天皇にお伝えください）

右の書状について、これまでの研究ではとくに傍線部に注目して、「信長と朝廷とは運命共同体」であること、朝廷と信長が相互依存関係にあることを裏づける根拠として重視してきた（伊藤真昭「織田信長の存在意義」）。

ただし、武家政権の長が朝廷の混乱を収束すべき責務を負うことは信長独自の考え方ではない。永禄一〇年（一五六七）一〇月、公家久我《こが》通俊《みちとし》と誠仁親王上臈ら女官たちとの密通疑惑事件が起きた。このとき将軍宣下が内定していたものの（翌年二月に宣下を受ける）当時摂津《せっつ》富田《とんだ》にあった足利義栄が事態収拾に乗り出してきた。義栄は、「将軍宣下を受けて参内し、将軍としてこの件に対処すべきだが、まだそれができないので」という理由で伝奏を介し意思を伝えてきたが、その背景には「禁裏御面目を失い候えば、上意（将軍）同前の儀に候」という意識があった（『晴右公記』）。

したがって右に引いた書状に示された信長の考え方は、前代の室町幕府と朝廷の関係において将軍がなすべき役割意識をそのまま受け継いでいるのである。さらにこの考え方は、天下統治者たる者がなすべきことと信長が考えた「禁中の儀、毎事御油断あるべからず」という意見と根底で通じあっている。

ここまで本書で論じてきた信長の天下に対する意識や絹衣相論への対処を含めてこのときの信長の気持ちを考えると、天下静謐維持のためのいくさに忙殺されているかたわらで、内側からその重要な構成体である朝廷が混乱を来しているのでは、自分の天下人としての責務が果たされずに面目を失う、このままでは朝廷を見限ることになる、「何をやっているのだ、しっかりしてくれなくては困る」という強い怒りがあったと思われる。

天皇と誠仁親王の詫状

この書状に対して次のような返事が出された。これまでの研究では用いられてこなかった新出史料であるため、これも全文と現代語訳を示す。

興福寺々務の事につきて、両人方までの書札のおもむき、詳しく見給い候。申沙汰の段もっとものの由候て、宣下なされ候つる。朝廷の儀いよいよ心を添えられ候わん事肝要に候。一日も女房奉書にて仰せられ候ごとく、東北院旧例候由申し候まま、一端さもと思し召し、四人差し下され候つる。各も一段迷惑申し候。ことに南都よりの一書御覧ぜられ候て、この間御沙汰の様、御後悔の事に候。この上にても、何事もよきように御意見申され候べく候。皆々も相届き候わぬ事候とも、このたびは召し出し、向後の事堅く申し付けられ候わば、悦び入りまいらせ候。まずまずこの瓜名物と候えば、ひとしお珍しく眺め入り候。なお両人申し候。かしく。

右大将との（信長）へ　　判

（『東山御文庫所蔵史料』勅封二八函二一－三）

（興福寺寺務の事について、両人宛の書状を詳しく拝見しました。あなたの処置はもっともでありますので、別当の宣下をしました。朝廷の事、ますますの心添えをいただきたいと思います。先日も女房奉書を出したように、東北院から旧例があるという注進をしてきたので、一端はさもと思い、四人を安土へ差し下しました。彼らも戸惑っていることと思います。ことに南都からの申し立てを読んで、先日の判断を後悔されております。これからも何事もしかるべくご意見を下さい。四人衆も至らぬ点があったとは思いますが、どうか召し出して今後の事を堅く申し付けていただければ喜ばしく思います。さて、この瓜名物とのこと。ひとしお珍しく眺めいっております。なお詳しくは両人が申します）

冒頭にある「両人方までの書札」が二九日付の書状を指す。その書状の末尾で信長は誠仁親王に瓜を贈っている。この瓜は三〇日に届いたらしい（『御湯殿上日記』）。右の書状に日付はないが、瓜の礼を述べていることから、六月三〇日かその直後、誠仁親王から信長に宛てられたものだと推測される。形式は下の者が高位の者の意思を奉じ作成した文書（奉書）でなく、判を据えた本人の意思をあらわした直書である。誠仁親王が父天皇の代わりにこれを認めた特殊な文書である。

これは二九日付の信長書状に対する詫状《わびじょう》と言えるだろう。信長が安土へ戻った直後なお兼深を推すため奉行衆を派遣した理由について、兼深が提出した先例に「一端さもと思し召し」たこと、その判断を後悔し奉行衆の赦免を望んでいると述べたところなど、とても生々しく、天皇が信長の叱責に目を醒まし、深く反省している様子がありありとうかがえる。

絹衣相論のときもそうだったが、信長が関わってからの朝廷の顔は嫡子誠仁親王になっている。親王が事態収拾を担っているのである。彼は天正四年当時二五歳と、それなりの判断をしうる能力を備えていたと思われるが、あくまでこの時期の朝廷政務一般は天皇中心に動いていた。対信長という事柄にかぎり親王が関与したほうが丸く収まるという朝廷の思惑なのか、それとも一度みずからが発した命令の再審議ということで天皇が一歩引いてしまったのだろうか。

たとえば本能寺の変直後、惟任（明智）光秀に京都の安全保障を申し入れる勅使として選ばれた吉田兼見に対し、指示を出したのも誠仁親王であった。だからといってその後ひきつづき親王が朝廷としての判断を示したかといえばかならずしもそうではなく、事態が鎮静化したらふたたび天皇も表に出てくる。

そうした本能寺の変の時の例をもとに考えてみると、信長から朝廷の判断を求められたときにかげに隠れてしまう天皇の行動は、気持ちに恐慌を来して政務を執る状態にはなかったからだとも考えられる（この点について詳しくは拙稿「誠仁親王の立場」を参照されたい）。

興福寺別当職相論の歴史的意義

興福寺別当職相論における信長の関わり方について、これまでの研究では、「天皇に代わって内覧か関白的な立場で宮廷政治をおこなった」、「信長の権門紛争に対する調停・裁判権への干与《かんよ》」、「朝廷の経済と政治を自己の統御のもとにおこうとしていた」、「天皇の勅断に制限を加えた」のように、信長に朝廷権力を凌駕しようという意思があり、それがむきだしになった事件であるととらえられてきた。

しかしここまで見てきたことから、そのようにとらえるべきでないことは明らかだろう。信長は朝廷を統御したり勅断をゆがめたりしようとはしていない。あくまで寺法、従来の慣行にもとづいて決めるべしという立場であり、それに反する行動をとった者を処罰したに過ぎない。この立場は絹衣相論のときのそれと共通している。

興福寺別当職相論では、いったん示されたはずの旧来の慣行重視という判断を無視するかのように、天皇は兼深の言い分をふたたび認め、奉行衆もそれに同調してしまった。さほど深く考えぬまま、大きな声をあげていたほうの言い分をそのまま聞き入れてしまったかのようである。

かつて別当職相論を検討した論文で、わたしは奉行衆が天皇の意思をねじ曲げたと考えた。しかし彼らは天皇の命ずるままに動いただけだったのだろう。本章冒頭で奉行衆の職務について触れたが、蟄居を解かれて復帰したあとの彼らの活動が、伝奏としての役割以外に史料上確認できなくなるのは、もはや信長がこうした奉行衆の存在する意義を見いだせなくなった、「見限った」ゆえなのかもしれない。

絹衣相論とあわせて見てゆくと、史料中に「申し掠め」「仰せ掠め」ということばがよく登場する。対立する相手側の行動を非難する文脈で用いられる常套句だから注意しなければならないが、ふたつの相論において多くは「叡慮を申し掠め」のように、天皇の意思を掠めたという文脈でよく用いられていることは注目される。

「掠める」「掠めとる」とは「事実がどうなのかわからないように、ぼかして曖昧に言いまぎらす」「物をだまし取る」のような意味である（『邦訳日葡辞書』）。意思を発する主体に対して自分の良いように適当に言いつくろい、命令をだまし取るような語感だろうか。

当然、掠めとる側に非はあるのだろうが、掠めとられる側にも問題はある。天皇の意思を簡単に掠めとることができてしまう朝廷政治のあり方、簡単に意思を掠めとられてしまったり、申し入れを深く考えずに判断を下してしまう天皇の政治的能力の甘さ、これらが相論を紛糾させる原因となっており、天下静謐の内側から混乱を生じさせ、ひいては天下人の威信低下をまねくものとして、信長はお灸を据えたかったのだろう。

信長は天下人として朝廷政治の安定化をはかろうとした。そのときの姿勢は、積極的にそこに介入して自らの意見を反映させようとしたのではなく、あくまで旧来のやり方を尊重し、朝廷の自律性にゆだねようとするものだった。しかしながら天皇・廷臣たちはそうした信長の期待に反し、自分たちの利害関係を優先させるようなものごとの処理方法から抜けだせていなかった。信長にしてみれば、それでは「天下」に対する天皇・朝廷の役目がじゅうぶん果たされないということになる。とすれば結局、混乱は、天下静謐をゆだねられた天下人、すなわち信長自身の責任になるのである。

信長が両権大納言に宛てた書状はある意味、恫喝に近い強い調子のものだが、「朝廷相滞り候えば、下々猥りの段」という文言にあるように、そこまでしないと朝廷の混乱はやまず、ひいては「天下」に示しがつかないという懸念がそこにはうかがえる。

以上のように、絹衣相論、興福寺別当職相論というふたつの相論は、信長の天皇・朝廷に対する姿勢、そのあり方に対する考え、また「天下」に対する責任感を明確にあらわす重要な事件であったと言えるだろう。

ところで興福寺別当職相論について、これまた前の論文の反省になるが、相論が兼深という一人の僧侶の欲望によってひきおこされ、紛糾したかのように書いた。

よくよく考えれば、叡慮を申し掠めたと相手側から非難されたとはいえ、彼はもともと次期別当となる約束を取りつけ、先例も皆無というわけではなかったのである。その後起きた相論においてみずからが別当となる正当性がある先例を再度掲げて申し入れをしたことが、資財没収と寺外追放に帰結するとはいかにも酷な処分である。

相論を経て、結局別当には尋円が補任された。兼深は翌天正五年九月には赦免され帰寺が許されている（『尋憲記』）。その天正五年一二月に開催された維摩会において、大乗院門跡の尋憲が講師を務め、その法会期間中別当に任じられた（『興福寺別当記』）。師の尋円から禅譲を受けたかっこうである。兼深もこのとき他寺探題を務め、誰からも文句の出ない別当の有資格者となった。

このように見てくると、一度別当を務めてなかば引退したような立場にあった尋円が、兼深にほぼ決まりかけていたところに横から割りこみ、みずからふたたび別当の座に就いたというのは、まだ別当となる資格を持たなかった尋憲を別当につけるための時間稼ぎ、つなぎ役だったのではないかと思わずにはいられない。

もっとも、天正五年に維摩会をおこなうについては、理由は不明だが別当尋円が渋ってなかなか首を縦にふらず、弟子の尋憲も尋円説得に苦労したようであったこと（『尋憲記』）からもうかがえるように、大乗院門跡側も決して一枚岩ではなかった。その意味では、兼深も大乗院門跡側の独善的なふるまいに翻弄された哀れな犠牲者だったのかもしれない。

尋憲は別当職在職中の天正一三年一一月に没する。兼深はその直後から別当職補任を望む運動を開始し、翌月念願の別当に補任された。相論で苦汁を舐めさせられてから九年後のことであった。

第七章　左大臣推任
——天正九年

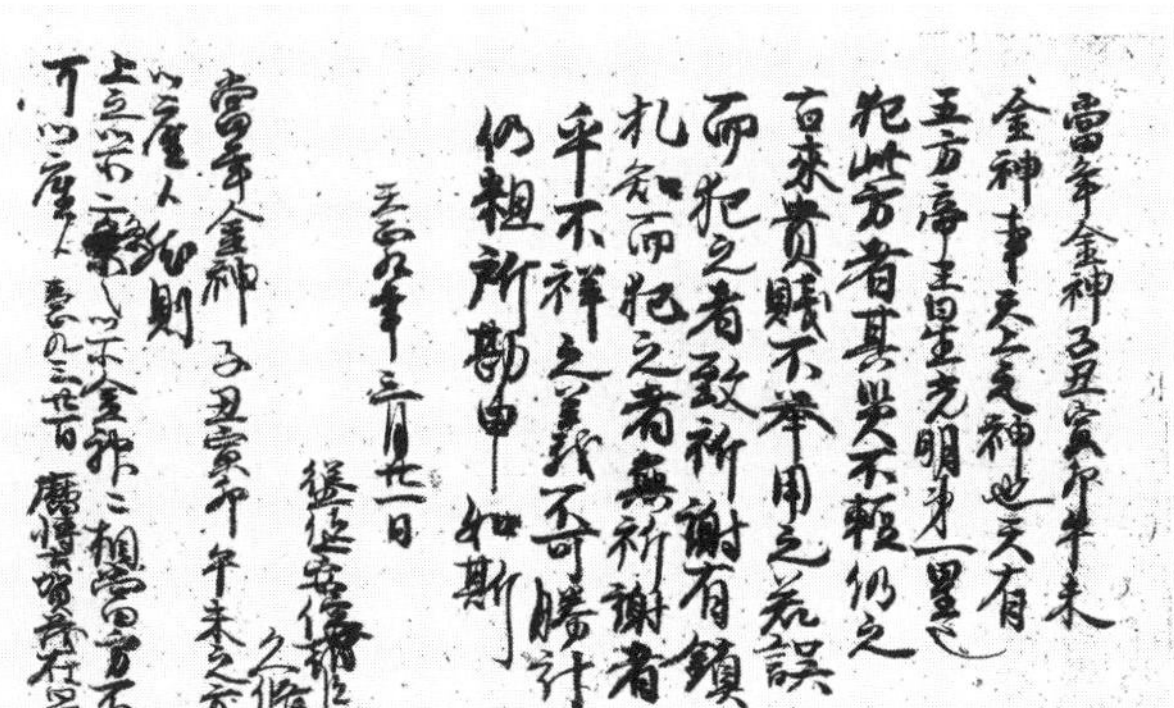

正親町天皇がみずから写した天正９年３月21日付土御門久脩・賀茂在昌勘文。
（『東山御文庫所蔵史料』勅封120函5−3）

左大臣推任論の問題点

本章では、天正九年二月・三月におこなわれた馬揃《うまぞろえ》の直後に朝廷が織田信長を左大臣に推任しようとしたできごとを手がかりに、その歴史的意義を見きわめると同時に、この時期の信長の官職に対する態度について、第五章にひきつづき考えたい。

馬揃の直後、朝廷は信長を左大臣に推任しようとして勅使を派遣した。「推任」とは、上位の者の推挙により官につくことである（『日本国語大辞典第二版』）。これに対して信長は、懸案だった譲位を実行し、誠仁親王が即位してから受けたいと回答した。そこで朝廷では公家衆が譲位に関する談合をもったところ、天正九年は金神《こんじん》という方位神の忌みに抵触することが判明し、譲位はおこなわれないことになった。当然、信長の左大臣任官も沙汰止みとなった。以上がこの年における左大臣推任をめぐる一件のあらましである。

左大臣推任の歴史的意義をめぐる評価は、朝廷と信長を対立していたと見る立場と、協調していたと見る立場のあいだで見解が異なっている。

対立説では、信長は正親町天皇の譲位を求め、そのため馬揃を挙行して軍事的圧力をかけたと論じられている。しかしそれでは朝廷が左大臣を推任した理由がうまく説明できない。そのなかで立花京子氏は、朝廷にみずからの左大臣への推任を強要するため、信長は

天正3年（1575）	
11月4日	信長、権大納言に任ぜられる。
11月7日	信長、右大将に任ぜられる。信忠、秋田城介に任ぜられる。
天正4年（1576）	
11月13日	信長、正三位に叙せられる。
11月21日	信長、内大臣に任ぜられる。
天正5年（1577）	
11月16日	信長、従二位に叙せられる。
11月20日	信長、右大臣に任ぜられる。
天正6年（1578）	
1月6日	信長、正二位に叙せられる。
2月	播磨別所長治、信長に叛す。
3月13日	上杉謙信死去。
4月7日	信長、佐々長秋に越中攻めを命じる。
4月9日	信長、右大臣・右大将の辞官を奏上する。
10月	摂津荒木村重の謀叛が明らかになる。
天正7年（1579）	
11月19日	村重の居城摂津有岡城開城。
天正8年（1580）	
1月17日	別所長治の播磨三木城開城。長治切腹す。
3月17日	信長、大坂本願寺に「惣赦免」を伝える起請文を出す。
4月9日	本願寺門主顕如、大坂を退去し紀伊鷺森に退く。
8月2日	本願寺教如、本願寺を退去する。
12月29日	誠仁親王生母新大典侍局死去。
天正9年（1581）	
1月15日	信長、安土にて左義長を開催する。
1月23日	信長、惟任光秀に、京都において開催する馬揃の準備を命じる。
1月24日	天皇、信長に京都における馬揃の開催を要請する。
2月18日	新大典侍局四十九日法要。
2月20日	誠仁親王参内。信長、上洛する。
2月28日	馬揃開催。天皇、勅使を信長に派遣する。
2月29日	天皇・誠仁親王、使者を信長に派遣し馬揃を賞す。
2月晦日	立入隆佐邸に村井貞勝を招き、伝奏衆が信長の推任について議す。

3月1日	天皇、上﨟局を信長へ派遣し、左大臣推任を申し入れる。
3月3日	降雨により二度目の馬揃延期。
3月5日	二度目の馬揃開催。
3月7日	天皇、信長推任の件にて積善院尊雅を誠仁親王御所に派遣する。
3月9日	天皇、信長に左大臣推任を申し入れる。
3月11日	譲位について内々の衆談合ありとの情報。
3月17日	譲位につき公家衆談合にあたって申し合せが交わされる。
3月19日	譲位について内々の衆・外様衆談合。
3月21日	土御門久脩・賀茂在昌、金神の勘文を提出する。
(この間)	金神による当年譲位中止を伝える使者が朝廷から安土へ派遣?
3月24日	安土から使者帰洛。譲位中止について信長の返答あり。

第七章関係年表

馬揃を挙行して威圧をあたえたが、最初、天皇・親王は推任を拒否したため、譲位執行を条件に出して譲歩したのだと論じた。

しかしここまで見てきたように、信長に何らかの官職につこうとする主体的意思があったことや、馬揃自体を朝廷への圧力とみなすことは考えがたい。

馬揃を朝廷への圧力とみなさない協調説の立場からは、橋本政宣氏と堀新氏の説が代表的である。橋本氏は立花氏とは逆に、朝廷は譲位を信長に執行してもらいたかったとし、その促進のため左大臣を推任したと論じる。つまり朝廷の真意は譲位にあり、それを実現するための手段として、まず左大臣推任を提案したというのである。ただ、左大臣推任を受けて譲位を提案したのは信長の意思だったのだから、任官が実現したからといって朝廷の思いどおりに事が進むかどうかはわからなかったのではないだろうか。

堀氏は、譲位執行という申し入れを天皇も歓迎したとしたうえで、それが金神という理由だけで延期された点を疑問とし、譲位延期の裏には真の理由があったとする。それが信長の任官回避説である。信長は左大臣任官を受けたくなかった（嫡男信忠の任官を優先させたかった）ので、天正九年が金神により譲位が不可能であるとあらかじめ承知していたうえで、あえて推任の交換条件として譲位を提案し、譲位ができない、すなわち任官も実現しないという方向に持ってゆこうとしたのだという。しかしなぜ信長がこのようなまわりくどい方法をとってまで任官を避けようとしたのか不可解である。

堀氏とはちがい、わたしは単純に譲位は金神によって延期されただけにすぎないと考えている。ただ堀氏の説は信長と官位の関係全般を見渡したうえで論じられており、とくに天正六年に信長が右大臣を辞官したことをめぐる解釈と密接に関わっているため、ここから検討を開始する必要があるだろう。

左大臣推任の話に入る前に、天正三年の権大納言・右大将任官以後、天正六年の右大臣辞官までの推移を眺め、信長の官位に対する考え方をもう一度確認しておくことにしたい。そのうえで左大臣推任・譲位申し入れの歴史的意義を考えることにする。

信長の右大臣辞官の上奏状

天正三年一一月における従三位権大納言・右大将叙任のあと、一年ごとに信長は昇進している。同四年一一月には正三位内大臣に、同五年一一月には従二位右大臣となった。天正三年の様子(第五章)からもわかるように、信長は何らかの正当な理由がないと叙任を受けなかったから、それぞれの叙任にはそれなりに納得しうる理由があったと思われる。

天正四年は対本願寺戦の局地的勝利という理由を見いだせるが、同五年となるとはっきりしない。あるいは毎年一一月の昇任にて陣儀をおこなわせるという朝儀再興が主たる理由なのかもしれない。

ただし天正六年に多少流れが変わる。正月早々、正二位に叙されるのである。そうなると、この年のうちの左大臣昇任も時間の問題かと思われたが、その前に右大臣・右大将を辞官してしまうのである。辞官の上奏文は四月九日付で作成された。

A当官の事、次第の昇進恩沢に浴すべきといえども、征伐の功いまだ終わらざるの条、先ず一官を辞さんと欲す。東夷《とうい》・北狄《ほくてき》すでに亡し。南蛮《なんばん》・西戎《せいじゅう》なんぞ属さざらんや。まさに万国安寧四海平均の時、重ねて登用の勅命に応じ、棟梁《とうりょう》塩梅《あんばい》の忠を致さん。しからば顕職をもって嫡男信忠卿に譲与せしむべきの由、よろしく奏達せらるべく候なり。（官職について、順を追って昇進する恩沢にあずかるべきですが、征伐の功がいまだ終わっていませんので、ひとまず今の官職を辞したいと思います。東夷・北狄はすでに亡く、南蛮・西戎はどうして自分に服属しないことがあるでしょうか。万国安寧・四海平均を達成した時、あらためて官職補任の勅命を承り、武家の長として世の中の統治に尽くそうと思います。そこで顕職は嫡男信忠卿に譲与したいと思いますので、よろしく天皇にご奏達ください）

四月九日　信長（龍之御朱印）

頭右中弁殿（広橋兼勝）

（『仁和寺文書』ほか）

B信長位《くらい》の事、存ずる子細候まま、先ず辞し申し候て、信忠に与奪申すべく候。その上にても朝廷の御事、なおもって馳走致すべく候。いささか（も）油断を存ずべからず候。委細三条大納言（三条西実枝）に申し含め候。この由披露あるべく候。（「位」の事について、考えている事がありますので、ひとまず辞退し、信忠に譲与したいと思います。そうであっても朝廷に対してはこれまでどおり支援をいたします。少しもぬかりありません。詳しくは三条大納言に伝えてあります。これを天皇にご披露ください）

龍の朱印

勾当内侍とのへ申給へ　信長

（『総見寺文書』）

信長の右大臣辞官については、右のA・Bふたつの関係文書がある。いずれも正文は残っておらず、写しのみである。Aは頭弁広橋兼勝《ひろはしかねかつ》に宛て、辞官の旨を天皇に奏上してほしいと望んだ上奏状である。いっぽうBは天皇に近侍する女官長橋局《ながはしのつぼね》に宛てられ、詳しくは三条西実枝から申し上げるという内容で、ここでも実枝が大きな役割を果たしている。日付はないがAと一緒に出されたと考えてよかろう。あえて言うなら、Aは公的な辞官の上奏状であり、Bは内々に天皇に辞官を申し入れた書状である。

この辞官について、右大臣を辞すことによって伝統的官位制度の外に立ち、自分自身をその枠組みから解放しようとしたという見解が長いあいだ主流であったが、これは朝廷・信長対立説を前提にしており、そもそも右大臣と右大将の官を辞しても位階はそのままであったのだから、いまでは官位制度の外に立つという考え方は否定されている。

Aの辞官上奏状について、たとえば谷口克広氏は、「日本の統一事業がまだ終わらないので、官を辞職したい。統一事業が完了したら、再び登用に応じたい。よって、顕職を嫡男の信忠に譲与したい」（『信長の政略』）のように全体を要約している。文飾修辞を駆使して書かれた文書だが、それらを削ぎおとせばまずこのようなところに落ち着く。ほかの研究者による要約も大差はない。谷口氏の書く「日本の統一事業」を、「天下統一」「全国統一」のように表現する程度のちがいである。

堀氏はAから、信長の辞官理由を次の三点にわけて把握する。①天下統一の事業がまだ終わっていないので、ひとまず辞任したい。②天下統一が達成された後に復任したい。③顕職を嫡男信忠に譲与したい。

信長は権大納言・右大将任官以来、大臣へ昇任してからも、その立場の公卿が負うべき朝廷儀礼に参加したり、何らかの役を務めたりしたわけではない。官職にもとづく役とはまったく無縁であった。帯びていた官職にもとづく何らかの負担が「統一事業」（ひとまず谷口氏の表現を借りておく）を邪魔したということはなかった。だから、右大臣を辞めなくとも「統一事業」に支障が出るわけではないのである。

だから①は理由にならないことを言っているので、建前論だとみなされる。②も同様である。かくて堀氏は③こそがAの上奏状における本音（真の理由）であるとする。信忠へ顕職を譲り、彼の後継者としての地位を確立させたいというのが真の目的であり、①②は建前にすぎないと論じている。

このように信長が天正六年四月という段階になり、とってつけたような理由をあげて突如右大臣を辞そうとしたことで、先学たちはいろいろとその背後にある思惑を探ろうとしてきた。

なぜ信長は右大臣を辞めたのか

しかしわたしは、天正二年以来の信長の官位に対する態度・認識をふまえ、A・Bの文書を字句に即して理解すべきだと考えている。また堀氏が建前論とした①②もまた立派な辞官理由であると考える。

Aにおいて信長は、右大臣を辞し「統一事業」に専念したいと述べている。これに対してわたしたちは、堀氏の見解に代表されるように、右大臣のままでもこれまで同様に何を憚ることなくいくさに出ればいいはずではないかと引っかかりをおぼえる。でも信長の立場に立って考えれば、「統一事業」のいくさにあたり、右大臣という官職を辞してそちらに専念しよう、そうした素朴な考えがあったのではないか。

信長の考え方とわたしたちの理解とのあいだに横たわる溝は、Bの「右大臣を辞し信忠に譲ろうと思うが、これまで同様朝廷への支援は怠りません」という一文にも存在する。官職を帯びることの有無と関係なく、朝廷への支援はできるはずだ、というのがわたしたちの考えである。しかし信長は、朝廷への支援を、官職を帯びることと直結させて考えている。

信長は右大臣を辞して顕職を信忠に譲りたいと述べるが、当時の信忠は従三位左中将に過ぎなかった。朝廷の慣行では、右大臣のような職（もしくは信長が想定しているような顕職）は、信長が辞めたからといって「譲る」という行為の対象にはならない。信長がそうであったように、ひとつひとつ官職の階段を昇ってゆかなければならない。またこれは揚げ足とりになるかもしれないが、Bの冒頭の「信長位の事」は、正確に言えば「官の事」である。

以上のことからわかるように、天正六年のこの段階においても、信長はいまだ官位については正確な認識をもってはいなかったと考えるべきなのではないだろうか。もちろん公家との交流を重ね、右大臣にまでなっているのだから、それなりの知識はあったはずである。しかし「統一事業」に専念するため官職を辞すという、そうする必要のないことを申し出、自分が辞めた官を信忠に譲ってほしいということからは、官位に対して深い考え方をもっていたとは思えない。わたしたちは、こうした信長の官位に対する素朴な態度を、逆に厳密に解釈しようとしてしまっていた。

羽柴秀吉との比較で言えば、矢部健太郎《やべけんたろう》氏は、秀吉には当初、公家との交流における作法などの知識に欠けていたものの、官職昇任の過程でそれらの知識を深めていったことを明らかにしている（「豊臣『武家清華家』の創出」）。これに対して信長には、秀吉のような官位や朝廷儀礼に対する知識欲は稀薄だったようである。堀氏の研究でも信長は官位にさほどの執着がなかったと論じられており、それが一般的理解になっているが、別の見方をすれば、官位に対して関心が薄く素朴な考え方しかもっていなかったということになるだろう。

そのうえでもう一度Aを最初から見てみよう。冒頭の「次第の昇進恩沢に浴すべき」というのも信長の偽りのない気持ちである。本章の最初に見たように、天正三年以来「次第の昇進」を重ねてきており、このまま順調にゆけば天正六年には左大臣になるだろう。そうした恩沢を受けること自体は拒否していない。

しかし「征伐の功」が終わらないので、いったん右大臣を辞したいという。わたしはそれにつづくくだりが重要であると考える。「東夷・北狄はすでに亡く、南蛮・西戎はどうして自分に服属しないことがあろうか」というのである。この部分については修辞の色合いが濃いとみなされたのか、全体の要約文のなかに埋没させられてしまっていた。先学のうちこの部分に注目しているのは三鬼清一郎氏と堀氏くらいである。

ただし三鬼氏は「西国平定」と対象を西国に限定し、堀氏は信長が中国を中心とした東アジア世界秩序（華夷秩序）と意識構造から相対的に自立していたことを示すと、やや抽象的な解釈をしている。

わたしは「東夷・北狄」と「南蛮・西戎」と、はっきりふたつにわけて表現している具体性に注目したい。具体的ゆえに、これらは天下人信長にとっての東夷・北狄であり、南蛮・西戎を指すと考える。

東夷は武田氏を指すとみてまずまちがいない。武田氏を東夷と呼ぶ事例はほかにも確認されるからである。天正一〇年に武田勝頼を討ったさい、これを長岡藤孝に報じた書状のなかに「東夷追伐の事、言□のごとく早々落着、我ながら驚き入るばかりに候」と書いている（『細川家文書』）。

それにつづく「既亡」の述語が集団の衰退（亡ぶ）を意味するのか人間の死（亡し）を意味するのかで解釈は分かれる。前者であれば、東夷を天正三年の長篠の戦い以来、武田家の勢いを削いだこと、北狄は同年の越前一向一揆殲滅をあらわすとみなされるかもしれない。

いっぽう後者であれば、東夷は具体的に武田信玄を指し、北狄は前述のように天正四年以降敵対関係となっていた上杉謙信を指す可能性が高い。実は『信長記』巻一一の天正六年四月七日の記事に、上杉輝虎《うえすぎてるとら》（謙信）が没したという報がそれ以前の段階で信長の耳に入り（謙信が没したのは三月一三日）、それを受け上杉攻めのため家臣佐々《さっさ》長秋《ながあき》を越中に派遣したとあるのである。Aの上奏状の日付は信長が越中攻撃を命じたある日の二日後である点、想像力が刺激される。

時期の符合や、辞官という大きな決断をおこなうはっきりした契機という意味で、東夷・北狄とは信玄・謙信であったと考えておきたい。

これに対して、いまだ信長に屈服していない南蛮・西戎の指すところを推測するのは比較的容易である。南蛮は大坂本願寺（個人であれば顕如）、西戎は毛利氏（おなじく輝元）を指すのだろう。信長没後の史料だが、天正一〇年一〇月三日付正親町天皇綸旨（『竹内文平氏所蔵文書』。ただしこの文書の作成年は同一二年の可能性が高い）では、毛利氏を「西戎」と呼んでいる。ちなみに、北狄・南蛮を周囲の敵対勢力にたとえたような史料はほかに見られない。

以上のことから信長は、信玄没後の武田氏の衰えを見きわめ、上杉謙信の死を契機に、大坂本願寺と毛利氏攻めに本腰を入れることを決めた。それが天正六年四月であり、自分の気持ちの区切りとして右大臣の官を辞したのである。

その背景には官職に対する素朴な認識があった。信忠への官職譲与もまた希望してはいるが、これのみが辞官の目的ではない。「万国安寧四海平均」をただちに天下統一・全国統一（「統一事業」）のように解するのではなく、本願寺・毛利氏を服属させ、あらためて天下静謐を実現するということである。

この信長による本願寺・毛利氏攻め宣言は広く宣伝されたと思われる。というのもAが写しのかたちで何通か残っているからであり、そのうちのひとつは『兼見卿記』に写しとられているからである。すなわち公家たちに披露されたことになる。右大臣を辞して本願寺・毛利氏攻めに本腰を入れることを天下（さらには相手）に知らせる、この上奏文が東夷・北狄・南蛮・西戎のような中華思想を借りた差別的な比喩を用いて述べられているのは、そのような意図があったからにちがいない。

南蛮と西戎に向きあう

四月九日に右大臣の辞官を申し出、その後信長は「南蛮」「西戎」攻略に本腰を入れてゆくことになる。

この年の二月、播磨三木《みき》城（兵庫県三木市）の別所長治《べっしょながはる》が叛旗を翻した。彼は播磨の国衆として信長に服属し、同国を平定するための大将として信長から派遣されていた羽柴秀吉の下でいくさに参加していた。播磨は、備前の宇喜多《うきた》氏や、それとむすぶ毛利氏の勢力にも警戒しなければならない重要な地域である。

そのため信長は、五月一日にはみずから播磨に出陣しようとした。しかし佐久間信盛ら重臣から時期尚早だと諫められ、まずは信忠以下滝川一益・惟住長秀ら主だった将を秀吉の加勢として派遣する。ところが今度は、摂津一国の支配を任せ、信長軍の有力部将として播磨神吉《かんき》城攻めでも功をあげていた荒木村重が謀叛を起こす。村重謀叛の報が信長の耳に入ったのは一〇月のことだった。

このように「西戎」攻めは別所・荒木といった頼みにしていた武将たちの謀叛に足をすくわれ、思うように進まなかった。信長はまず摂津国内の混乱を鎮めることに手一杯であり、秀吉は長治の三木城を包囲して長期戦となったまま、ようやく三木城が開城したのは天正八年正月のことであった。荒木村重の摂津有岡城《ありおかじょう》（兵庫県伊丹市）が開城したのは、その少し前、天正七年一一月である。その年の三月に備前の宇喜多直家《うきたなおいえ》が秀吉の調略に応じて毛利氏と手を切ったこともあり、天正七年頃ようやく「西戎」毛利氏と対峙する準備ができたというところだろうか。

いっぽうの「南蛮」本願寺はどうだろう。

こちらもまた寺の周囲に攻撃のための付城《つけじろ》をいくつも構え、長期戦のこしらえをとって本格的な攻撃はなされずにいたところ、天正七年末頃から正親町天皇を仲介とした講和交渉が進められ、天正八年三月に信長が顕如に対して〝赦免〟の条件を起請文にて通達したことで（『本願寺文書』）、法主顕如は本願寺を退いて紀伊《きい》鷺森《さぎのもり》に移る。

ところが顕如の子教如《きょうにょ》はこの講和を受け入れようとせず、なお大坂にとどまって諸国の門徒に抵抗を呼びかけた。しかしその抵抗も長続きせず、結局、教如は八月に入ってから大坂本願寺の伽藍と寺地を信長に明け渡し、ようやく退去したのである。これで右大臣辞官理由のひとつであった「南蛮」はけりがついた。

本願寺と講和した翌年天正九年の正月一五日、信長は安土城下において賑々しく左義長《さぎちょう》を催した。左義長（三毬杖）とは一年の予祝として、竹にむすびつけた門松や扇などを焼く正月行事である。現在も各地でおこなわれているどんど焼きへとつながる火祭である。

安土の左義長のばあい、信長は家臣たちに思い思いの装束を着て参加するよう命じ、自身も南蛮笠や虎皮の行縢《むかばき》などを身につけ、爆竹を鳴らして早馬を駆けさせるという派手な演出がなされ、見物した安土の人びとを喜ばせた。これは前年の本願寺との講和（赦免）を祝する意図もあったのではないだろうか。

信長はこの催しを京都でも実行しようと考え、惟任（明智）光秀を責任者として、諸国の家臣たちにその準備をするように命じた（『信長記』）。正月二三日付でこれを命じた朱印状（『左京亮宗継入道隆佐記』）には「重ねて京にては切々《せつせつ》馬を乗り遊ぶべく候」とある。『信長記』や公家の日記では、これを「馬揃」と称した。安土における左義長とくらべれば、大勢が派手な身なりで馬にうちまたがって行列し、疾駆させるというところに特化させたような行事が馬揃であった。

馬揃と左大臣推任

信長の意図が通じたかのように、安土でおこなった左義長を京都でも見たいという要請が朝廷からも寄せられた。天皇が京都での開催を正式に要請したのは二四日のことである。村井貞勝に打診したところ、貞勝はちょうど今日こちらからも開催のお願いをするため参上しようとしていたところだったと返事があった。両者の思惑が奇しくも合致したのである。

なぜ信長が京都で馬揃を開催しようとしたのか、また天皇はなぜ信長に開催を要請したのか、これまで様々に論じられている。すでに触れたように、これを軍事的威圧と見ることはほぼ否定されている。

わたしは、前年末一二月二九日に生母新大典侍局（第六章の絹衣相論にも登場した女性）を急病で喪った誠仁親王を励ます目的が天皇・信長双方にあったのではないかと推測している（詳しい考証は別稿「誠仁親王の立場」にておこなったので、興味をお持ちの方はそちらを見ていただきたい）。少なくとも信長上洛と馬揃の開催日は新大典侍局の四十九日明けに配慮されていた。

馬揃は二月二八日におこなわれた。これに対して勅書が出され、庭田重保らの公家が勅使として信長のもとに出向いた。このときの勅書には「筆にも御言にも尽くしがたく、唐《から》国《くに》にもかようの事あるまじき」と書かれていたという（『御湯殿上日記』『左京亮宗継入道隆佐記』）。馬揃に天皇も満足したのである。

翌二九日にも天皇・誠仁親王から「むまそろへみ事」（馬揃見事）という褒詞を伝えるため信長に使者が派遣された（『御湯殿上日記』）。このときは女官上臈《じょうろうのつぼね》局が使者を務めた。女官が使者となるのは、公家のそれとくらべて内々、私的な性格をもつと論じられているが、この使者も同様であったと思われる。

禁裏御倉という朝廷の金庫番のような役職にあった立入《たてり》隆佐《りゅうさ》が数十年後に記した記録（『左京亮宗継入道隆佐記』）には、その翌日二月晦日《みそか》の夜、隆佐の屋敷に信長の京都奉行村井貞勝をまねき、公家の伝奏衆五人も集まって談合したと書かれてある。目的は信長を左大臣に推任しようというものであった。これを受けて翌三月一日、ふたたび上臈局が信長のもとに出向き、左大臣推任の勅書を渡したという。左大臣推任が貞勝同席のもとで決定されたことは、翌年の「三職推任《さんしきすいにん》」につながるものとして注目される。

この推任に対し信長がどのような反応を示したのかはわからない。信長はもう一度馬揃をやろうとしており、最初の馬揃の五日後、三月三日に開催する予定であった。しかしながら降雨により延期となり、結局五日に開催された。それもあるので、一日の使者に対しては、二度目の馬揃後まで待ってほしいということだったのかもしれない。

譲位の提案

五日に開催された二度目の馬揃後、朝廷の動きがあわただしくなる。七日に、誠仁親王の御所へ天皇に近仕する僧侶積善院尊雅《しゃくぜんいんそんが》（親王の従兄弟）がにわかに派遣された。「信長左府事に」という目的であった。天皇だけでなく、親王も左大臣任官を望んでいることを信長に示したかったのだろう。

そのうえで九日に上﨟局・長橋局の女官二人が信長のもとへ派遣され、左大臣推任を伝えた。信長の対応は「仕合わせよくて」という好感触であったが、条件が出された。正親町天皇の譲位をおこない、誠仁親王を天皇とし、即位式をとりおこなってから、そのあとお受けしましょうと信長は回答したのである（『御湯殿上日記』）。

右大臣辞官のさい信長があげた理由をふまえ、前年「南蛮」本願寺と講和を果たし、その延長線上にあった馬揃の開催に対する褒賞の意味をこめて、朝廷は信長に「次第の昇進」を勧めたのだろう。室町時代以降、武家の長の官位昇任を進めてゆくことは朝廷の役割のひとつとしてあり、べつに信長が特別という意識は朝廷にはなかったはずである。

この時点で辞官時にあげたうちの「西戎」が課題として残っていた。しかし信長としても「南蛮」との和睦（服属）は、これまで手を焼いてきた相手でもあったので、たいへん大きなできごとだったにちがいない。天正元年に浮上したまま宙づりになっていた譲位・

即位の執行を持ちだし、それを官位を受けるための朝廷へのさらなる「馳走」とみなし、自分を納得させようとした。というのが、信長が譲位を持ちだした思考の筋道だったのではあるまいか。

譲位は正親町天皇の念願であった。ただそれが動きかけた天正二年には結局実現しなかった。第二章で見たとおりである。朝廷ではその後も譲位・即位にむけ準備を怠っていなかったようである。前述したように朝廷では、天正三年から四年にかけ御所において礼服の虫干しがなされていた。

とはいえ譲位・即位には信長の経済的支援が不可欠である。虫干し以外にそうした動きがあれば当然史料にあらわれてよいはずだが、天正二年以降その形跡はまったく見られない。信長の口から譲位のことばが発せられたのは、そのとき以来だったのかもしれない。だから朝廷でも突如譲位が再浮上したことに慌てたにちがいない。

信長から返答のあった二日後の一一日に「内々の衆」が譲位について談合したようである。さらに一九日には内々衆だけでなく、外様衆にも範囲を広げて小御所に参集し、譲位について話し合いがもたれた（『兼見卿記』）。このように公家たちが大挙して集まり、なんらかの談合をおこなうこと自体、この時期めずらしいことだった。

なお内々衆とは、昇殿資格があり、禁裏警固の役であった禁裏小番を務める堂上公家《とうしょうくげ》のうちでも天皇家に近い家の公家を指し、外様衆はおなじ堂上公家でも内々衆にくらべ天皇家との親密度は低かった。ちなみにこれまで触れた五人衆・四人衆のような奉行衆はすべて内々衆の家出身である。

このときの談合に関わるものと推定される三月一七日付の七箇条の条書（箇条書きの文書）によれば、廷臣が談合するにあたり、ときには先例をまげて物事を決めるといったやり方は特例であり、事後そうした決め方に対する不満が出ることを抑えるため、あらかじめ申し合わせがなされたことがわかる（『古キ文』）。先例を調査しそれをふまえて手続きを進める時間的余裕が得られないまま、なんらかの決定に迫られた朝廷の焦燥がうかがえる。

さらにこの条書には、譲位に関する忌みの有無についても触れられている。今年はそれに該当することはないのかどうか、という疑問である。

金神の忌み

この疑問を受け、忌みについての専門家である陰陽師に諮問がなされたとおぼしい。二一日付で二人の陰陽師から提出された報告書（勘文《かんもん》という）が京都御所東山御文庫に伝えられている（『東山御文庫所蔵史料』勅封一二〇函）。正親町天皇みずからが二人の勘文を写した紙片である（写真は章扉参照）。

陰陽師は、当代を代表する土御門久脩と賀茂在昌《かものあきまさ》の二人。久脩は、当年の金神が子《ね》丑寅《うしとら》卯《う》午未《うまひつじ》に当たることを述べ、この忌みを犯したばあいに生じる災いは軽くないとする。金神とは方角禁忌の遊行神であり、金神にあたる方角への移動は忌避された。やむをえず移動しなければならないときは方違《かたたが》えがなされる。

久脩が天正九年の金神の所在として述べた方角は六方ある（子丑寅卯午未）。ふつうは四方が金神とされるが、まれに「六金神《ろくこんじん》」と称し、半分の方角が忌まれた年があった。天正九年はまさに「六金神」、身動きしにくい年だったと言えよう。

親王は、信長から天正七年一一月に提供された二条御所（現在の京都市でいえば烏丸御池近辺の二条殿町《にじょうでんちょう》付近）に住んでいた。禁裏はほぼ現在の京都御所の場所にあった。禁裏は二条御所の北北東（丑）にあたる。親王の即位は、居住空間が二条御所から禁裏へ移動することを意味するので、金神の忌みに抵触する（図7参照）。また賀茂在昌も久脩と同様の方角を金神としている。

このように二一日、二人の陰陽師から、即位は金神の忌みに抵触するという勘文が出された。堀氏が指摘するように方違えで解決する問題ではあろうが、このときは天正九年の譲位はしないという決定がなされたと思われる。『御湯殿上日記』の三月二四日条に、「あ

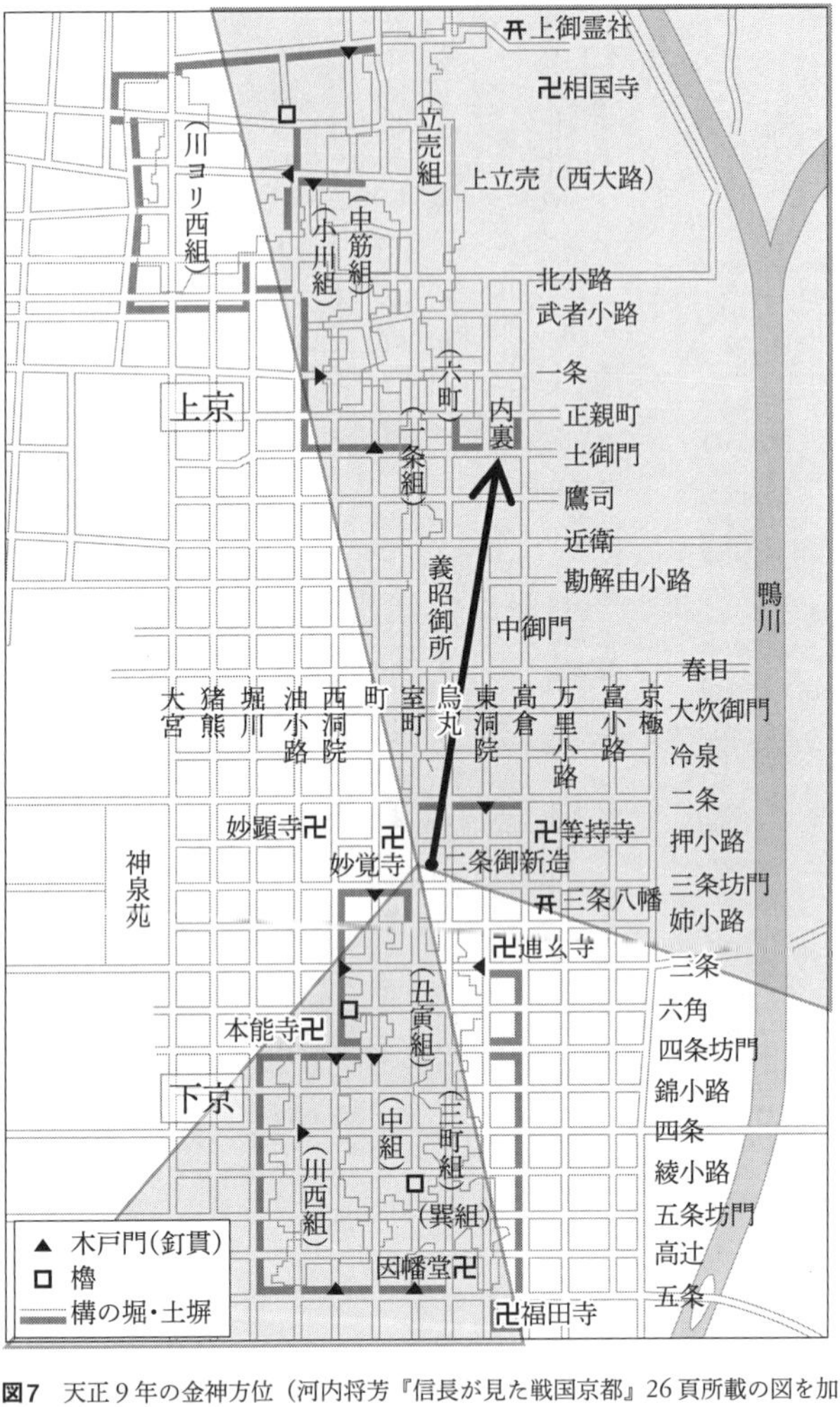

図7　天正９年の金神方位（河内将芳『信長が見た戦国京都』26頁所載の図を加工した。薄い網掛け部分が金神の方位にあたる。矢印が二条御所から禁裏への方角）

つち（安土）より、しやうい（譲位）の事に御かへり（返）事よろしくて、めてたし〳〵」（安土からもたらされた譲位に関する返事はまずまずであった。めでたいめでたい）という記事があるからだ。

二一日の勘文を受け、朝廷から安土の信長に対し、金神による譲位延期を伝える使者が派遣され、信長はこれを了解したということだろう。せっかく信長から譲位の申し入れを受けたにもかかわらず、金神のため延期せざるを得ず、それを恐る恐る信長に伝えたところ「御返事よろし」という反応だったので、朝廷は胸をなで下ろしたのである。譲位がなされないのであるから、当然信長の左大臣推任も沙汰止みとなった。

左大臣推任・譲位申し入れの歴史的意義

天正九年三月における信長への左大臣推任は、前年成立した本願寺との講和などを受け、朝廷が主体的におこなったものである。任官に対する信長の受け身の態度は、このときも変わらなかった。

信長の官位に対する考え方がほかの戦国大名と異なるのは、主体的に官位を望む意思をまったく持っておらず、そのために何らかの運動（たとえば献金など）をおこなうことはなかったことである。ただ、どんな官であれ、それに就くことを朝廷への「馳走」と強くむすびつけていたことは注目できる。

だから、右大臣辞官時に表明したうち「西戎」攻めが未達成であることを自覚しつつ、官に任ぜられる正当性をみずから納得させるため譲位・即位を提案した。公家衆はその提案を受けて急ぎ譲位遂行について討議を開始したところ、当年は金神の忌みに抵触することが判明し、延期することとなって信長にそれを報告し、信長も了解した。それにともない左大臣推任も立ち消えとなった。

以上が左大臣推任と譲位をめぐる一件の流れである。そこには信長による積極的な左大臣任官の希望や、譲位に対する天皇の頑強な拒否、逆に積極的な譲位促進の思惑も存在しない。信長がどうにかして左大臣推任を辞退しようと考えていたわけでもない。任官がないことも承知のうえで信長は譲位延期を受け入れたのだろうから、彼が任官に執着していないことは明らかである。

これまでは、左大臣推任と譲位申し入れ、公家の談合、二四日の安土の報告などは『御湯殿上日記』によって、また金神により譲位が延期されたことは『兼見卿記』によって論じられてきた。『兼見卿記』では、四月一日条に「御譲位の事、当年金神により御延引の由その沙汰と云々」のように伝聞のかたちで記されている。吉田兼見は譲位延期をだいぶ経ってから知ったことになる。

本章で用いた『古キ文』中の談合申し合わせの条書（一七日付）と『東山御文庫所蔵史料』中の陰陽師の勘文（二一日付）はこれまでの研究で用いられてこなかった新出史料である。これらの存在により、信長の譲位申し入れから延期決定までの経過を詳細にたどることができるようになり、二四日に帰洛した朝廷から安土への使者がどのような目的でおもむいたのかも明らかになった。もはや左大臣推任の裏側に信長の思惑や朝廷のそれを読み取る余地はなくなったと言ってよい。

このようにひとつの史料が史実の解釈を大きく変えたり、あらたな史実の発見につながることがある。これは歴史学という学問の面白さでもある。次章で述べる「三職推任」はその最たる例だろう。本章で見てきた左大臣推任の経緯をふまえ、翌年に起きた「三職推任」を考えてみたい。

第八章　三職推任
――天正一〇年

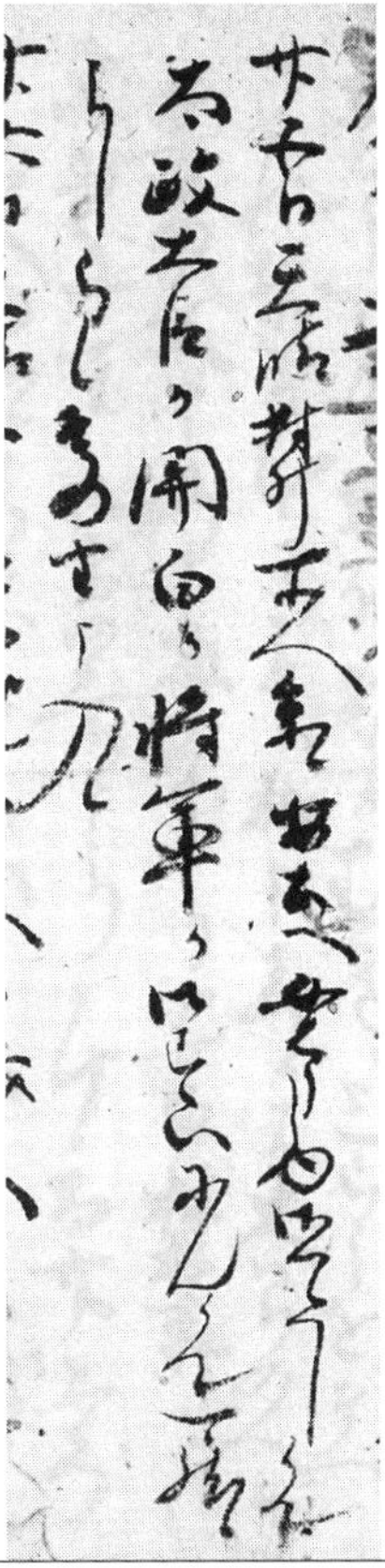

村井貞勝が勧修寺晴豊に「推任」を提案した『日々記』天正 10 年 4 月 25 日条。
（国立公文書館内閣文庫所蔵）

「三職推任」というできごと

天正一〇年二月、信濃の国衆木曾義昌《きそよしまさ》と武田氏の有力一族である穴山信君《あなやまのぶただ》（梅雪《ばいせつ》）が武田氏から離叛し、信長に属したことを受け、織田信長は嫡男信忠を大将とする大軍を武田攻めのために差し向けた。追いつめられた勝頼が天目山《てんもくざん》の麓において自害したのは三月一一日のことである。

あとから合流した信長が武田氏領国の戦後処理をおこない、甲府から駿河を経て東海道を物見遊山のようにゆるゆると上って安土へ戻ったのは四月二一日だった。『信長記』は、信長が安土に帰ったあと、阿波《あわ》国は信長三男の信孝《のぶたか》にあたえられたので軍勢が召集されたと四国攻めの動きを記し、五月一一日に摂津住吉《すみよし》（大阪市）に出陣して四国渡海のための船の準備を命じた記事がつづく。ちなみに本能寺の変は六月二日のことである。

四月二一日から五月一一日まで、『信長記』記事の空白期間である二〇日間のあいだに、本章で取りあげる「三職推任《さんしきすいにん》」があった。

「三職推任」とは、武田氏討滅の功として、朝廷が信長に対して太政大臣《だいじょうだいじん》・関白・征夷大将軍の三つの官職を候補として提示し、推任しようとしたできごとだとされている。前年左大臣推任が頓挫したため、それより上位の（あるいは別種の）官職が推任の対象となって

天正10年（1582）	
3月11日	武田勝頼自害。
4月21日	信長、安土に帰る。
	勧修寺晴豊、天皇より勅使として安土へ下向することを命じられる。
4月23日	晴豊、安土に到着し、信長に対面、天皇・親王からの祝儀を進める。
4月24日	晴豊、帰洛し、誠仁親王御所に参る。
	信長、長岡藤孝に中国出陣の準備怠りなきことを命じる。
4月25日	晴豊、村井貞勝と対面し、貞勝より信長推任の提案を受ける。
4月27日	安土に下す使者が決定する。
5月3日	勅使晴豊一行、京都を出発する。
5月4日	晴豊、信長に天皇・親王からの進物を進める。
5月6日	信長、使者上臈局らと対面する。
5月7日	晴豊一行、帰洛する。
	信長、三男信孝らに四国出陣を命じる。
5月14日	信忠、信濃より安土に凱旋する。
5月15日	徳川家康・穴山梅雪、安土を訪れる（17日まで滞在）。
5月17日	惟任光秀、中国攻め出陣を命ぜられ、坂本城に帰る。
5月21日	信忠・家康ら上洛する。
5月26日	光秀、坂本を発し居城丹波亀山に入る。
5月29日	信長、上洛する。
6月2日	本能寺の変。

第八章関係年表

いる。信長の立場に立てば、武田氏は「東夷」としての朝敵であり、朝廷も信長出陣にあたり伊勢神宮や興福寺・吉田神社などに戦勝祈願の祈禱を命じていたため（『外宮引付』『蓮成院記録』『兼見卿記』）、それを成し遂げたゆえの行賞であった。

「三職推任」の関係史料はわずか二種類しかない。推任の勅使となった公家勧修寺晴豊の日記である『日々記《にちにちき》』（『天正十年夏記』）と、このとき誠仁親王が信長に宛てて出した書状（『畠山記念館所蔵文書』）である。

『日々記』は古くから存在は知られていたものの、書いた人物（記主）を晴豊と特定し、本能寺の変前後のことが記されている重要史料と位置づけた岩沢愿彦《いわさわよしひこ》氏の論文が一九六八年に出るまで、じゅうぶんな活用がなされていなかった。記主というもっとも根本となることがらがわからないかぎり史料として使いにくいのは当然だろう。

岩沢氏によって『日々記』の記主が確定され、推任の勅使の日記であることが明らかになったことで、五月に朝廷が信長に官職（岩沢氏は将軍とする）を推任しようとした具体的経緯がわかり、さらにそのおかげで、日付がないため年次がはっきりしなかった誠仁親王の書状がこのできごとに関係するものであることも明らかになった。ひとつの発見をきっかけに史実の輪郭が急速に鮮明になった好例である。

岩沢氏の研究以降、本能寺の変直前、信長を官職（将軍）に任じようとした動きが朝廷にあったことが歴史的事実として共有されるようになった。推任主体は漠然と朝廷であると考えられてきたが、そうした状況にあらたな局面を開いたのが、一九九一年に発表された立花京子氏の研究である。

立花氏は、信長が村井貞勝を通じて朝廷に推任を強制しようとしたと論じ、対象の官職を関白・太政大臣・将軍の三つとして、このできごとを「三職推任」と名づけた。その後、信長による強制という立花氏の説を否定する研究者も同じくこの立花氏による「三職推任」のことばを用いたため、学術用語として定着しつつある。

立花氏が『日々記』の検討によりみちびき出した結論には多くの批判があるが、のみならず、朝廷が信長にどの官職をあたえようとしていたのかという点を中心にしてさまざまな説が出されているため、「三職推任」論は混迷をきわめている。

その原因のひとつに、『日々記』が難解なことがある。この晴豊の日記は、日記にありがちな、主語・目的語などの自明のことがらを省略するばあいが多く、また行動の時間的経緯と記述の流れがかならずしも合致するとは言えないうえに、そもそも文字自体の判読もむずかしい。そうした条件下で立花氏が『日々記』を全文翻刻した労は高く評価すべきであり、その作業にもとづく解釈には納得のできる点もある。

さて「三職推任」論の争点はふたつある。ひとつ目は、「三職推任」は誰が言い出したのかという『日々記』の史料解釈をめぐる問題である。そしてふたつ目は、信長は朝廷に推任を強要しようとしたのかどうかという問題である。

後者の論点について先に触れれば、立花氏の見解は、前述のとおり三職推任を朝廷に提案したのは村井貞勝であり、背後に信長の意図があったというものである。しかし推任の背後に信長の強要があったとする指摘は堀新氏をはじめとする多くの研究者から批判を受け、現在では左大臣推任同様、信長の強要を想定する見方は否定されていると言ってよい。

残る問題は「三職推任」は誰が言い出したのかという点である。後者の論点について立花氏に対して鋭い批判をおこなった堀氏は、こちらの論点については確定的な判断を示していない。しかしわたしは、この論点を正確に把握しないかぎり、「三職推任」問題は解決せず、またこのとき朝廷は信長をどのように処遇しようとしていたのか、また信長はそれに対してどのように対応し、そのためその後どのように動こうとしていたのかを見通すための大きな手がかりをつかみそこねるのではないかと考える。

「三職推任」の史料

最初にふたつの関係史料を掲げよう。ただし『日々記』は現代語訳にて引用し、必要に応じて原文もしくはその読み下しを示す。

【日々記】

四月

二一日。晴。明日安土へ下る用意をした。個人的に祝意を示すため下るつもりでいたところ、勅使として下るようにという天皇の仰せを受けた。

二二日。晴。今日昼に出発し、安土へ勅使として下向した。同道したのは庭田大納言（重保）・甘露寺大納言（経元）・伊勢祭主（藤波慶忠）である。今日は守山《もりやま》まで行き、守山に宿泊した。

二三日。晴。早朝安土に到着した。以前塗師《ぬし》をしていたおかゝの所を宿とした。松井友閑の所へ参り、信長への進物を献上した。進物は、天皇から懸香《かけこう》三〇、誠仁親王から薫物一〇、私からは女郎花《おみなえし》色（黄色と青色）の生絹《すずし》で織った帯一筋、友閑に銭一〇〇疋、おかゝへ足袋《たび》、勧修寺家から信長に出仕している若上﨟《わかじようろう》という女に小扇三本、村井貞勝の子専次《せんじ》に掛袋（掛香）一〇である。庭田から信長へは鷹狩用の弓懸《ゆがけ》（手袋）二着、甘露寺からは「白とうすん」一巻、祭主からは熨斗《のし》・祓・緘《しじら》一端を献上した。友閑に対して庭田から弓懸、甘露寺と祭主から銭五疋を贈った。友閑の所で自然に大宴会になった。親王に対する信長からの返事が出された。それから京都に帰ることにした。宿に戻ったところ、おかゝから酒樽の差し入れがあり、若上﨟がやって来て大宴会があった。それが終わったあと上洛の途につき、また守山に戻り、明日早朝出発の予定である。

二四日。早朝より上洛する。瀬田《せた》にて甘露寺経元が酒を振舞った。瀬田の先にて初めて安土城を見に来た小野式部と会い、彼が小舞を舞った。それより上洛した。私は誠仁親王の御所にすぐ参上した。

二五日。晴。村井貞勝の所へ行く。彼は「安土へ女房衆を下向させ、信長様を太政大臣か関白か将軍かにご推任されるのがよろしかろう」と申した。その由を天皇に報告した。

二六日。晴。誠仁親王が晩に参内された。安土へ下向させる使者の人選について談合があった。大御乳人《おおおちのひと》はおおかた決定した。

二七日。晴。貞勝の所に夕方庭田・甘露寺・中山・私と牧庵《ぼくあん》が参って談合したところ、貞勝は、上﨟局と大御乳人二人を私に添えて下されるのがよろしかろうと申した。そうすることに決定した。

二八日。(略)

二九日。(中略)上﨟局・大御乳人が安土へ下るための費用として、御料所御代官衆六人から八貫六六文ずつ負担するよう命ぜられた。私には路銭として三石分の代物が出された。

五月

一日。晴。晩より大雨が降った。誠仁親王御所に一日《ついたち》の祝に参上した。明日安土に下向する上﨟局・大御乳人のほか、晩に親王も参内された。天皇がお出でになり盃を賜わった。天皇より自作の薫物五貝を拝領した。明日安土に下向するので、差筵《さしむしろ》にて一献を賜わった。

二日。雨のち晴。今日の安土下向は、貞勝からの人足が来なかったために延期された。明日は早朝から下向の予定である。

三日。晴。早朝から上臈局・大御乳人・私の三人（が安土へ出立した）。私が勅使となり、表向きに上臈局が添えられた。しかし彼女では表向きにはならない。大御乳人は誠仁親王からの使者である。天皇・親王より御書が出され、天皇より御服一重、親王より懸香二〇袋が出された。禁裏御倉職の立入入道が路次の賄い役であり、草津《くさつ》にて昼休みをとった。

四日。晴。晩より大雨。安土城へ上臈局に仕える佐子、大御乳人に仕えるあこ二人におかかを添え、禁裏からの御服一重、親王からの懸香、そのほか進物を献上した。上臈局からは生絹の織物一重、大御乳人より湯具、私からは茶菓子の大き目のものを用意した。中味は餅・打栗・山芋・豆飴・麩《ふ》の刺し物である。立入からは弓懸・茶菓子少々を献上した。上臈局・大御乳人二人は、若君がいる成水《なりみず》という信長の賄い役の所にお出でなさった。私は松井友閑の所に参上した。天皇作の薫物五貝ともずく一桶を贈った。彼の小姓衆六、七人には和歌が書かれた扇二本ずつを贈った。信長から御乱《おらん》（森蘭丸《もりらんまる》）という小姓を使者として、どのような目的の使者なのかを問われた。私は「関東を討ち果たされて珍重なので、将軍になしたいと申し入れるための使者である」と答えた。また御乱を介して天皇・

親王からの御書を進上した。信長から楠長諳《くすのきちようあん》を使者として、上臈局にお目にかかって申すべきではあるが、お返事をしないでお目にかかるのもどうかと思うので、あなたからよしなに計らってくれと申してきた。私からは、どうしても二人にお目にかかってほしい旨をお願いしたところ、ふたたび信長からは、天皇・親王にお返事が出された。私から長諳に銭五疋を贈った。おかかに三疋、若上臈からおかかの家の者に二疋を贈った。

五日。大雨。今日もまだ御対面が叶わなかった。奥方を介して御対面をお願いしたので待っていた。方々から、殿様の機嫌がよさそうだということ、明日はお目にかかることができるだろうということなど話があった。

六日。晴。今日また上臈局から信長へ文が出され、是非とも御対面してほしいと申し入れたところ、御対面するということで待っていた。（「こん分候」意味不明）そのうちに御対面が叶った。それから夕方に舟三艘が用意され、六日の内に上洛の途についた。上臈局に引出物として絹三疋、「みきよせう」（御教書、紙の種類を指すか）一束・越後紬《つむぎ》五端が贈られ、大御乳人にもおなじく贈られた。

七日。晴。昨晩より夜舟に乗って大津へ着いた。坂本を見物した。大津にて昼休みをとり、そこから上洛した。上臈局より越後紬をお裾分けに頂戴した。田舎樽・粽《ちまき》・鱧《はも》を持参して天皇に（あるいは上臈局に）礼に参った。貞勝に信長からの返事を伝えた。天皇より貞勝に鯉五匹を下された。

【畠山記念館所蔵文書】

天下いよいよ静謐に申し付けられ候。奇特日を経てはなお際限なき朝家《ちょうか》の御満足、古今比類なき事に候えば、いか様《よう》の官にも任ぜられ、油断なく馳走申され候わん事肝要に候。あまりに目出度さのまま、御乳《おち》をも差し下し候、この一包見参に入れ候。よろず御上洛の時申し候べく候。あなかしく。（あなたから天下がいよいよ静謐となるよう申し付けられました。朝廷にとって奇特であり、古今にくらべようがないほど際限なき満足を日増しに感じております。そこであなたとしては何かの官に任じられ、怠ることなく朝廷の支援をしていただくことが肝要となります。あまりにめでたいことなので、使者として御乳人を下し、この懸香一包を差し上げます。何事も上洛されたときにお話しすることにします。あなかしく）

（墨引）前右府との（信長）　（花押）（誠仁親王）

「三職推任」は誰の発言か

本章冒頭で述べたように、信長が武田攻めを終え安土に帰ったのが四月二一日である。その日勧修寺晴豊は祝意を示すため安土へ出向こうと準備をしていたところ、天皇から同様の目的で勅使として下向するようにと命じられた。彼は甘露寺経元・藤波慶忠と一緒に安土へ出発し、二三日に信長と対面して天皇・誠仁親王からの進物を贈った。京都に戻ったのは翌二四日であり、その日のうちに誠仁親王のもとへ参上している。前日信長と対面したおり、信長から親王に書状が出されていたからである。

「三職推任」はその翌日二五日に持ちあがった。

「太政大臣か関白か将軍か、御すいにん候て可然《しかるべく》候よし被申《もうされ》候」という「申され候」の主語は誰か。結論を先に言えば、わたしは立花氏同様貞勝の発言であると考える。橋本政宣氏や桐野作人氏は、主語を誠仁親王と推測する。前日に晴豊が誠仁親王と面会しているので、そのとき親王からそうした発言があり、翌日貞勝のところに行き伝えたというのである。これにつづく「その由申し入れ候」が、親王の発言を貞勝に申し入れたという意味になるが、いくら『日々記』に省略が多いとは言っても、前日の誠仁親王との対面とこの発言を直接むすびつけるのは唐突にすぎる。

また原文では、「申す」という謙譲語と「被」という尊敬の助動詞をあわせて用いているために解釈を混乱させている。当時権中納言であった晴豊が、身分的に下位にある貞勝に「申され」という尊敬表現を使うのか、誠仁親王に「申す」という謙譲語を使うのか。立花氏は貞勝の発言を「申され」とする用法が『日々記』中ほかにもあることをあげ、主語が貞勝であると主張したのに対し、桐野氏は天皇や親王が主語でも「申され」と使う例をあげ、立花氏を批判した。

立花氏・桐野氏いずれがあげた用例も、お互いの説を否定するものとはならず、結局は蓋然性の問題となる。たとえば二七日にも同様に「然るべき由申され候」という文章があり、これは明らかに貞勝の発言であることを考えると、やはり二五日の主語も貞勝と考えるのが自然だろう。最近では谷口克広氏も貞勝を主語とする見解を出している。

かくて、貞勝が晴豊に対し、安土へ女房衆を下しての「三職推任」を提案したわけである。

さらには、主語を貞勝としたうえで、彼の提案について、結果的に信長が受けることはなかったため、貞勝の「勇み足」であったとみなす考え方がある。勇み足というのは、貞勝が余計なことをしたという負の印象を含意する評価だろう。だがはたしてそうなのだろうか。

前年の左大臣推任の一件では、貞勝は公家衆に招かれて推任するかどうかについての話し合いに参加するなど、深く関与していた。貞勝は、朝廷が信長を何らかの官位につけたがっていることを痛いほど承知していたのである。

結局、左大臣推任は実現しなかった。しかし翌年、「東夷」武田氏を討ち滅ぼしたという節目にあたり、貞勝は前年の経緯をふまえ、こういう機会こそ逃してはならぬと晴豊にあらためて推任してはどうかという助言をしたのである。

貞勝がみずからの意思として信長への賀礼を朝廷に対し勧めることは、たとえば天正四年五月の対本願寺戦の勝報が京都に届いたおりにも見られる（『兼見卿記』）。信長と朝廷とのあいだに入る潤滑油たる立場を自覚していたのだろう。この推任が結果的に実現しなかったとしても、貞勝は決して余計なことをしたわけではなく、朝廷に善意の助言をしたととらえるべきなのではなかろうか。

勅使勧修寺晴豊による将軍推任

貞勝の提案を受け、朝廷では誰を使者として安土へ下すかを中心に話し合いがなされた。結局、晴豊にくわえ、女官の上臈局・大御乳人（誠仁親王乳母、生母故新大典侍局の妹）を使者とすることに決まった。彼らが出発したのは五月三日である。

三日の記事も難解である。原文は「早天より上臈の局・大御ちの人・余、上らうは、余勅使おもてむきに上らうをそへられ、おもてむきにてハ成申さす候間」とある。女官の使者は公的なものではないため（表向きにはならないため）、表向きには晴豊が勅使であり、それに天皇から上臈局、親王から大御乳人というふたりの女官が添えられるかたちで派遣されたのである。左大臣推任時は上臈局・長橋局ふたりの女官を使者として信長に申し入れられたが、今回は表向き（公式）の勅使が立てられたことになる。

文意が取りにくく、さまざまな解釈の余地があるゆえか、晴豊を勅使とみなさない考え方もある。問題となるとおぼしき「余勅使」という表現について、本能寺の変後、山崎《やまざき》の戦いで惟任（明智）光秀を破った秀吉が、織田信孝とともに上洛したときの事例がある。このときも晴豊が勅使となった。「余勅使、両人（秀吉・信孝）御太刀拝領させられ候」と書かれている。余すなわち勅使なのである。

使者たちには天皇・親王からの御書が託された。天皇の御書は伝わっておらず、親王の御書が『畠山記念館所蔵文書』として現在に伝わる文書である。ここで親王は、信長が武田氏を討ったことを「天下いよいよ静謐に申し付けられ候」と喜び、「いか様の官にも任ぜられ、油断なく馳走申され候わん事肝要に候」と要請した。右大臣辞官のおり信長が奏上した文言（とくに前章で引いたBの文書）をそのまま裏返したような文言であり、それゆえに信長の心にも強く訴えかけただろう。天皇の御書もまた似たような内容であったと推測される。

晴豊は、女官たちとは別行動をとり、松井友閑の屋敷に入った。そこに信長からの使者として小姓御乱、すなわち森蘭丸（成利《なりとし》）がやって来て、何の用で来たのかと問うた。晴豊は前月二三日に武田氏討滅を祝す勅使として安土を訪れたばかりなのだから、信長が訝《いぶか》るのも無理はない。この点を見ても信長が推任を強要したのでないことは明らかである。

蘭丸に用向きを問われた晴豊は「関東打ち果たされ珍重に候あいだ、将軍になさるべき」という目的を答え、天皇・親王の御書を進上した。すなわち朝廷は、信長を征夷大将軍に任じようとしたことになる。勅使本人の日記にそう書いてあるのだからまちがいあるまい。

信長はこれにどう答えたのか。日記から読み取ることができる反応はきわめて曖昧かつ複雑である。

使者上臈局に対面すべきだが、御書の返事をしないで対面するのも憚りがあるので、晴豊が適当に取りはからってほしいと言うのである。このあたりの心理（あるいは対面の礼儀）を納得するのはなかなかむずかしい。

永禄一二年（一五六九）に京都においてイエズス会宣教師ルイス・フロイスと初めて対面したとき、信長は彼を近くまでまねいて接見することはなかったという。あとで家臣に対し、「予が伴天連を親しく引見しなかったのは、他のいかなる理由からでもなく、実は予は、この教えを説くために幾千里もの遠国からはるばる日本に来た異国人をどのようにして迎えてよいか判らなかったから」だと告白した挿話を思いおこさせる（『フロイス　日本史

4』第三四章)。礼儀作法などに戸惑うとその一歩手前で立ち止まる、いくさの局面において果断にふるまう信長の姿とはまたちがった一面である。

しかしこのときには晴豊が粘り強く対面を迫った結果、ひとまず天皇・親王に対する返書は出された。この返書に推任に対する回答が書かれてあったにちがいないのだが、残念ながら伝存しておらず、日記にも記されていない。

その後、何日か待たされ、六日になってようやく女官たちは信長と対面することができた。しかしここでどのようなやりとりがなされたのか、これまた日記からはわからない。晴豊は後世のわたしたちが知りたいと思う肝心なことを書いていない。そこに様々な推測が入りこむ余地がある。

晴豊一行は七日に京都に帰った。天皇から貞勝に鯉を下されているから、貞勝が信長の返事を天皇に奏上したのだろう。貞勝にも信長から何ごとかの返事があり、晴豊がその伝達役となっている。

「三職推任」は将軍推任である

勅使勧修寺晴豊の日記『日々記』を読み解いてわかるのは、天正一〇年五月に朝廷は信長に征夷大将軍への推任を持ちかけたということである。

これまで論じられてきた「三職推任」の三職とは、関白・太政大臣・将軍である。これは村井貞勝の発言のなかに出てくることばである。貞勝は前年の左大臣推任にも関わり、それが頓挫した経緯をよく知っていた。だから天正一〇年に武田氏を討ったあと、好機だと判断して、朝廷に信長のふたたびの推任を助言したのである。

そのときに村井貞勝が発したのが、いわゆる「三職推任」発言であった。これは、〝たとえば関白や太政大臣や将軍など〟といった言い方で語られたものと推測する。したがってこの三職からどれかひとつを信長にえらばせるということではなかった。誠仁親王の書状に「いか様の官にも任ぜられ」とあることから信長に白紙委任しているかのように理解されているが、これは〝とにかく何かの官職について、朝廷を支えてほしい〟といった気持ちをあらわしたものであって、信長に好きな官職を自由にえらばせようとしたのではなかった。この村井貞勝の助言を受けて、朝廷は信長を将軍に推任することを決断したのである。

以上から、天正一〇年のこの一件は「三職推任」と称するべきではなく、将軍推任とすべきである。もともと岩沢氏の研究以来、将軍推任とされてきた事柄ではあったが、立花氏の問題提起をきっかけに「三職推任」問題として多くの研究者によって激しい議論が交わされて論点が深められてゆくなかで、その用語が定着していった。しかしやはりこのことばは用いず、将軍推任ととらえ直すべきだろう。

勅使晴豊の発言を重視し、このときの推任が「三職推任」でなく将軍推任と考えるべきことは、藤田《ふじた》達生《たつお》氏がすでに強く主張している。ただ藤田氏もまた背後に信長の推任強制があったことを想定している点において問題である。ここまで見てきたように、信長がみずから任官を望んだことはなく、任官に関する動きはすべて朝廷主導であった。『日々記』を読んでもわかるとおり、将軍推任のときも同様であったと思われる。

朝廷が信長に将軍を推任したことは、実は大きな意味をもつ。これまでのように足利氏を将軍に任じてゆくことを放棄し、あらたな権力者へその職をゆだねようとしたことになるからだ。また信長と官職の関係についても、それまでは権大納言・内大臣・右大臣（さらに実現しなかったが左大臣も）と昇任のかたちで任官をおこなってきたのに対し、ここで将軍という別次元の官職を提示したことになる。このことが信長の官職に対する気持ちに変化をあたえた可能性はないだろうか。

残る問題は、この将軍推任に対して、信長はいかなる返答をしたのかということである。

天皇・親王に返書を出したこと、村井貞勝にも何らかの意思を伝えたことは『日々記』によって確認できる。勅使を務めた勧修寺晴豊も信長の返答をみずからの耳で聞いたことだろう。しかし彼は具体的な内容を記さなかった。もし受諾するということであれば、帰った晴豊は何らかの行動を起こしたはずだが、その気配もない。はっきり断ったかどうかまではわからないが、すぐに受諾したわけではなかったように思われる。

しかしながら、このときの将軍推任がその後の信長の行動に何らかの影響をおよぼした可能性がないとは言えない。このあたりは終章であらためて考えてみたい。

終章　信長の「天下」

織田信長像（神戸市立博物館所蔵）

信長にとっての「天下」

本書では、神田千里氏の「天下」をめぐる研究をふまえ、織田信長がみずからの印章に刻んだ「天下布武」は永禄一一年（一五六八）に足利義昭を擁して上洛したときに達成された、という従来の考え方とは異なる地点から検討を開始し、没するまでの一五年間にわたる信長の行動について、天皇・朝廷との関係に焦点を合わせて追いかけ、考えてきた。

『信長記』の作者太田牛一が後年この一五年間をふりかえり、信長の役割は「天下を仰せ付けられ」たことであり、「京師鎮護」だと書いている。ここでの「天下」は「京師」とおなじ意味で用いられているが、せいぜい範囲を広げても地理的には五畿内、概念的には室町将軍の勢威のおよぶ地域といった程度でしかないだろう。

永禄一三年正月の時点で信長は、義昭から天下を任せ置かれているのだという認識をもっていた。軍事的指揮権を中核として天下静謐を維持する役割を請け負っているという責務である。天下静謐を維持することは、必然的にそうした静謐を乱そうとする（あるいは乱そうとしているとみなした）相手を軍事的に制圧することにつながる。

一五年間の信長の行動を、彼に課された役割を念頭に置いて眺めると、支配領域を拡大し、最終的には全国統一をめざしていたかのように受けとめられていた行動が、実は天下静謐を維持するためであったことに気づかされるのである。

信長のいくさとは、もっぱら天下静謐を妨げていると彼がみなした勢力との戦いであった。それらを討つことが、結果的に彼の支配領域の拡張をもたらした。序章でも触れたように、すぐれた実証的研究成果が年をおうごとに厚みを増している戦国大名研究の立場から、最近では戦国大名がただ征服欲だけで闇雲に領土拡張をめざしたわけではないという冷静な主張がなされるようになっている。戦国大名のひとりである信長もまた、この例外ではなかったのである。

信長のばあい、室町将軍足利義昭と密着し、また「天下」という領域を支配下に含んでいた点、そして将軍から天下静謐を委任されるという状況下で活動していたという点において、ほかの戦国大名とは大きく性格が異なっていることは事実である。しかし、いくさの結果として獲得した領域に対する支配のやり方は、同時期の戦国大名とさして変わらなかった、むしろ後進的であったという評価が、これも戦国大名研究の立場から指摘されている（戦国史研究会編『織田権力の領域支配』）。

信長の重臣柴田勝家による北陸支配を検討した丸島和洋《まるしまかずひろ》氏によれば、信長は勝家に支配を一任していたという。これは、ほかの戦国大名による地域支配と大差のない支配のしかたである。この点については、ほかの地域の検討でも同様の結論が出されている。すなわち信長による地域支配が、「統一権力」ということばのもとで把握されるような、これまでの戦国大名権力とちがった、何か目新しい革新的な方法でおこなわれたわけではないのである。

丸島氏が「織田権力には、天下人（中央政権の主催者）と大名（領国の支配者）という二つの側面が内包されている」と指摘するように（「織田権力の北陸支配」）、天下人信長による支配は、天下静謐という理念と、大名としての領域支配の実践とがちぐはぐな状態のままでおこなわれていた、そう言うことができるだろう。

こうした統治の未熟な面は、紛争が起きたときの解決方法にもあらわれている。実務的な仕事を担当する吏僚層の活動は目立たず、側近的立場である馬廻や重臣層がそのような職務を兼ねる状態がしばしば見うけられるのだ。

たとえば第六章で触れた絹衣相論のさい、綸旨が出されたあとも天台宗・真言宗の門跡のあいだでくすぶっていた対立を解決するための尋問の場にいたのは、滝川一益・羽柴秀吉・松井友閑の三人であった（『吉田薬王院文書』）。また興福寺別当職相論のとき、興福寺の意見を再聴取するため奈良に派遣されたのは側近の万見仙千代と堀秀政であり、最終的な結論を申し渡す使者は惟住（丹羽）長秀と滝川一益であった（『言継卿記』）。地域の支社を任されている支社長のうちで手が空いている者が、もめごとを解決するため召集されて実際の対応も担当させられ、連絡役も兼ねているようなものだろうか。これでは、組織として機能的だったとはとても言うことはできないだろう。

ところで、「天下」もしくは「天下布武」の語を限定的に考える研究の流れは、最近では「麟」字を意匠化したとされている信長の花押に対する考え方にもおよんでいる。佐藤進一氏の研究以来、信長は、至治の世、聖人君主が出現したさいに姿をあらわす想像上の動物「麒麟《きりん》」から「麟」字を選び花押としたとされ、これはみずからの力によってそれを達成する、もしくはそうした世の中を望ましいと考える理念を込めたものであるとされてきた。

ところが最近、高木叙子《たかぎのぶこ》氏によって、「麟」花押が示唆する聖人君主とは義昭であり、この花押は義昭による理想の世の中の達成を願望したものではなかったかという議論が提起された（「天下人『信長』の実像1」）。「麟」花押が見られるのは永禄八年（一五六五）頃に義昭から上洛への協力要請が届いた時期であることから、この頃の信長は義昭に仕え幕府に入りこもうと考え、「麟」花押を考案したというのである。信長が室町将軍による政治秩序の枠組みを継承して登場したことを考えると、高木氏の「麟」花押論はすこぶる納得のゆくものである。

上洛直後の状況下にあっては、義昭が将軍として京都にいる以上、天下静謐に責任を負うのは将軍であるべきであった。ただし、軍事力を擁して実際にこの状況を支えているのは信長なのだから、事実上、みずからが天下静謐を委任されている、そんな認識を彼は持っていた。だがこのことを、信長が将軍や朝廷を超越しようとする考えをもっていたというふうには短絡させないほうがよい。

イエズス会の宣教師たちが、信長を「全日本筆頭の君主」「日本最大の君主」と書いたことや、フロイスが信長に天皇に面謁するための仲介を求めたとき、不快な面持ちで「予がいるところでは、汝らは他人の寵を得る必要がない。なぜならば、予が（天）皇であり、内裏である」と言い放ったという有名な挿話（一五八四年一二月一三日付加津佐発信フロイス書簡、『フロイス　日本史5』所収）もまた、天下静謐を委任された立場の者の発言として理解することができるだろう。

イエズス会宣教師史料を中心にこの時期の「王」のあり方を論じている松本和也《まつもとかずや》氏によれば、宣教師たちは信長を日本の統一権力者とはみなしていなかったが、そのいっぽうで、彼を「天下の君主」と呼んでいたという。またそうした呼称を用いるようになるのは安土に居を移した頃であり、このとき「信長は全日本の統一権力者ではないが、これまでとはまったく異なる権力者になったと認識された」としている（「宣教師からみた信長・秀吉」）。

堀新氏が提起する公武結合王権論や、右の松本氏の議論と、本書で見てきたような天下人信長の像がどう関係するのかは今後さらに追究をしてゆく必要があるだろう。現在のわたしの立場は、信長は結合王権の中心人物であり、「これまでとはまったく異なる権力者」、すなわち天下人という存在にほかならなかったが、といって、そうした彼の権力を「統一権力」と呼ぶことには慎重でありたいというものである。これまでくりかえし述べてきたように、信長は秀吉とはちがって、全国統一を掲げて権力をふるおうとしていたとは考えられないからだ。

信長の行動基準は、あくまでも天下静謐の維持という点にあった。信長の行動は、その価値観を基準にすればおおよそ説明できる。極言すれば、第五章の最後に触れた天正三年末の段階でほぼ達成されていた状態が、信長が頭に描いた天下静謐だったのである。たしかに秀吉は、信長亡きあとその領国支配の枠組みを引き継いで全国統一を果たした。しかし秀吉がこうした信長の考え方までもそっくり引き継いだわけではなかったことに注意しなければならない。秀吉が描いた全国統一のような構想は（少なくとも没する直前の段階までは）、信長の頭になかったのではないだろうか。

秀吉は全国統一を成し遂げ、太閤検地《たいこうけんち》をおこなって石高《こくだか》による所領支配の統一的基準を打ち立てるいっぽうで、既成の官位秩序などを巧みに利用して従属する諸大名の身分統制をおこなった。大名たちは京都や大坂・伏見《ふしみ》に屋敷をあたえられ、そこへの居住が求められた。

信長のばあい、官位によって、彼の「天下」の外にあって友好的（もしくは従属的）な関係をむすんでいる諸大名までをも統一的に秩序づけようという考え方はまったくもっていなかった。馬廻など側近集団の安土集住の強制は確認できるし、安土城跡では重臣たちの邸宅跡だとする伝承のある遺構も発掘されてはいるが、周辺諸大名までをもここに集住させようとした形跡はない。たとえばそれは、小田原北条氏が鷹や馬などを献上するために安土に使者を派遣するといった程度の関係にとどまっている。ましてや俗に〝鉢植《はちう》え〟と呼ばれるような大名の封地替えまでには（直属の家臣以外は）当然のことながら、彼の権力はおよんでいない。

秀吉の構築した支配体制が徳川幕府に継承されてゆくことを考えれば、信長と秀吉のあいだには大きな断絶がある。秀吉の時代を近世の始まりとしていいのなら、信長の時代は、いまだ中世の色合いが濃厚に残っている。

信長の行動の明快さ

本書ではくりかえし天下人としての信長の考え方の明快さということを説いてきた。

改元とは「天下の御為」であるとし、それを怠っている義昭に意見した信長は、義昭追放直後すぐに天正の改元を実行した。またその年（天正元年）年末の上洛時には、譲位を申し沙汰しようとした。天正元年末の時点では、義昭追放後、信玄が没し、朝倉氏を滅ぼして越前を手中にし、浅井氏も滅ぼすなど、天下静謐間近と信長が認識した状況にあった。それが譲位申し入れにつながっているのだろうと思う。

翌二年に入るとそうした状況はご破算となり、その後同三年末の段階においてふたたび天下静謐目前という認識を持つに至った。このとき信長は、織田家家督を嫡男信忠に譲り、みずからは別に城（安土城）を築いてそちらに移ろうとしている。このように、天下静謐の節目と認識したとき、信長はかならず表だってはっきりわかる行動をとる。

これは天下静謐の節目とは言えないものの、その実現をめざし敵対勢力を一気に討ち平らげようと決意したとき、右大臣・右大将辞官を申し出る。これもまた節目におけるはっきりした行動とみなすことができる。

これらの行動はすべて天下静謐のためであるということで、一本まっすぐに筋が通っている。

信長の行動にひとつの論理に貫かれた明快さが見られることをふまえたとき、没する直前に起きた将軍推任への対応だけがはなはだ曖昧で、目の前に薄く靄《もや》がかかって真相がなかなか見えないような苛立ちをおぼえる。もちろん曖昧というのはあくまで史料上よくわからないということではあるが、勅使晴豊ですらその日記に信長の回答を書いていないのは、いかなる事情があるのだろうか。

ひとつ推測できるのは、ひと月後に本能寺の変が起こり信長が没してしまうが、あるいは変が起こらずそのまま事態が進展すれば、何らかの明快な信長の対応がくっきり浮かんできたかもしれないということである。

それにしても本能寺の変という事件は、それまで大きな権力を誇っていた天下人の命を絶ち、彼が将来どこに向かおうとしていたのかすらも謎としたまま、すべてあの世に送りこんでしまった罪作りなできごとである。そのため、惟任（明智）光秀はいったい何のために信長を討ったのか、光秀を背後から動かしている人物がいるのかなどの諸点についてさまざまな議論が出て、いまなお解決を見ない。逆に言えば歴史の謎を解く興奮を感じさせる事件となっている。

本能寺の変と信長のゆくすえ

本書は本能寺の変の謎を解こうという目的はもっていない。ただし天下人として、天下静謐という論理のもとで明快な行動をとってきた信長の意図が、将軍推任を境に見えにくくなっている点が気にかかる。本書で考えてきた信長の行動を前提に、六月以降を見すえた信長の行動、また彼を討った光秀の意図について、少し考えてみたい。

信長への将軍推任が示されたのは五月四日であった。その後、六日になってようやく使者の女官たちに信長は対面し、何らかの回答を伝えた。

信長はその後さほど間を置かずに、備中高松城《びっちゅうたかまつ》をめぐり毛利氏と対陣していた羽柴秀吉救援のために光秀以下を派遣しようとし、みずからも援軍を率いて備中にかけつけようとした。いっぽうで三男神戸《かんべ》信孝を将とし、織田信澄・惟住長秀らを付けた軍勢を四国攻めのために向かわせようとしていた。この「西戎」毛利攻め支援、四国攻めは、いつの時点で決断されたのだろうか。

従来の研究では、信長の全国統一という志向が前提になっていたためか、武田の次は毛利氏（および四国）という軌道が既定路線のように敷かれ、決断時期についてさほど問題にされた形跡はない。

四国攻めについては、五月七日付で信孝に宛てた朱印状が残っている（『寺尾菊子氏所蔵文書』）。四国平定のあかつきには、讃岐《さぬき》を信孝にあたえ、阿波を三好康長にあたえるといった内容である。七日というのは、将軍推任の三日後である。推任が四国出陣の最終的決断に何らかの影響をおよぼした可能性を考えたくなる。

谷口克広氏は、武田攻めに信孝が参加していないことから、彼が四国攻めの準備にあたっていたと推測している（『信長の天下布武への道』）。たしかにある程度の準備は必要だろうから、何もないところから五月に入って急に四国攻めが思いつかれ、決定されたということではないのだろう。事実、武田攻め以前の段階（二月）で三好康長に四国出陣を命じているのである（『信長記』）。

いっぽう毛利攻めについては、四月二四日付朱印状で長岡藤孝等に対し、来秋中国攻めをするつもりでいたが、秀吉の注進を受け、状況次第で出陣するつもりなので準備怠りなきよう告げている（『細川家文書』）。もともと天正八年八月における本願寺との和睦直後、信長は島津義久《しまづよしひさ》に対し翌年の毛利氏攻めを伝え、その協力を要請していた（『島津家文書』）。『信長記』には、秀吉による水攻めを受けた高松城の救援のため、毛利・吉川《きつかわ》・小早川の軍勢が対陣しているという知らせを受け、「今度間近く寄り合い候事、天の与うるところに候あいだ、御動座なされ、中国の歴々討ち果たし、九州まで一篇に仰せ付けらるべし」（今度毛利軍が織田軍に近いところで対陣していることは天があたえた好機であるので、自身出陣し、毛利氏を討ち果たし、九州まで一気に支配下に組みこもう）と号令し、支援が決まったとある。

前章で見たとおり、信長は武田攻めから二一日に安土に戻ったばかりであり、二四日付の朱印状によれば、もともとは秋（七月以降）に毛利攻めをおこなうつもりであった。しかしながら戦況によっては一気に毛利攻めを敢行したほうがよいという考えも芽生えてきていたらしい。

最終的に決断が下されたのがいつなのかは明らかではない。武田討滅の祝意を示すために徳川家康・穴山梅雪が安土にやってきて光秀が彼らを饗応したのが五月一五日から一七日まで。ところが『信長記』によれば、光秀は秀吉支援のための出陣を命ぜられ、その準備のために一七日に居城坂本に帰ったという。つまり、五月上旬から中旬にかけて、最終決断をおこなったと推測される。

武田氏を討って安土に戻ってからさほど経っていないにもかかわらず、また盟友家康らがいまだ上方に逗留しているというさなかに出陣しようとするとは、いかに信長が果断な決断力を持っていたとしてもあまりに性急なように思われる。あるいは毛利攻めの最終的決断もまた、将軍推任が何らかの影響をおよぼしているのではないかという推測をしたくもなる。

毛利攻めについては、右大臣・右大将辞官のおりにその理由に掲げた「西戎」であるので、残る敵対勢力として、その服属のために力を注ごうとするのはこれまでの信長の行動基準に照らし合わせてみてもよく理解のできる動きである。

ところが、四国攻めについてはいまひとつ納得がゆかない。

近年、光秀が信長を討った理由として有力な説は、それまで光秀を媒介に土佐《とさ》長宗我部《ちようそかべ》元親《もとちか》と友好関係をむすんでいた信長が、長宗我部氏の支配領域を抑制し、信孝や三好氏に四国を任せようとしたという四国政策の転換があったのではないか（それまで長宗我部氏を取り次いでいた光秀がこのため面目をつぶされたからではないか）という見解である。

このように四国政策を転換した理由としては、大坂本願寺との和睦後、元親の利用価値が低下したからではないか（桐野作人『織田信長』）、三好康長を重用し彼に四国の領地を確保してやろうとしたからではないか（谷口克広『信長の天下布武への道』）などの指摘がなされている。

転換後の四国政策は、天下静謐をみずから乱す行為以外の何物でもない。それまでの天下静謐のための戦いとは異質な、それこそ征服欲が勝ったいくさを仕掛けようとしていたと言えるだろう。

以下は推測になる。四国攻めの最初の決断こそ時期的にみても将軍推任が直接のきっかけであったわけではなかったのかもしれないが、将軍推任を受け、それまでの天下静謐維持という大義名分を自己否定するかのように、征服欲をむきだしにしたいくさを中国・四国方面にしかけるという最終決断をおこなったのではないだろうか。

それなら信長は、将軍という官職に執着していたのだろうか。そうだとすれば、信長は官職に執着していないという本書のこれまでの主張と矛盾するのではないか。そんな疑問を持たれた方もいるかもしれない。たしかに天正九年の左大臣推任あたりまでの信長が官位に執着していなかったことは確実である。たとえば義昭追放直後の天正初年や、天下静謐をほぼ達成したかに見えた天正三年末に将軍推任を持ちかけられても信長は受けなかったように思う。

しかし天正一〇年の武田氏討滅からその直後の将軍推任に至る流れが、それまで天下静謐一筋であった信長の考え方に変化をあたえた可能性はないだろうか。武田氏討滅から中国・四国攻めへとうつる動きがあまりに性急すぎるからである。要は、秀吉へとつながる全国統一の想念が、そこに浮かんだのではないかということだ。

もっとも、将軍任官を受けたとしても、結局は右大臣に任ぜられたこととおなじ次元の話にとどまり、信長はその見返りとして朝廷に対する「馳走」を怠らず進めただろうというだけで、それを受けて幕府のような権力体が具体的に形成されたかどうか、信長があまりにも独裁に近い権力者であったために想定することはむずかしい。

ところで、将軍推任直後の信長の〝変心〟を仮定すると、四国遠征軍の渡海直前、中国攻め直前に信長が討たれたことになるので、光秀はそれを阻止しようとしたのだと考えることができるようになるのではないだろうか。面目をつぶされたという個人的事情にくわえ、光秀はそれまで一貫していたはずの天下静謐のための戦いという目的から逸脱しつつある信長の動きを頓挫させようとしたのではないか。天下静謐を根底から揺るがせたのは、光秀でなく信長本人だったわけである。

光秀が信長を討ったあとで出されたことが明らかな書状に、『細川家文書』に伝えられた六月九日付の有名な条書がある。長岡藤孝・忠興《ただおき》父子に協力を要請するため書かれたものである。三箇条あるうちの三条目は次のような内容である。

我ら不慮の儀存じ立ち候事、忠興など取り立て申すべきとての儀に候。更に別条なく候。五十日百日の内には、近国の儀相堅むべく候あいだ、それ以後は十五郎・与一郎殿など引き渡し申し候て、何事も存ずまじく候。（我々が突然思い立ったのは、忠興らを取り立てようとしたからです。さらに付けくわえることはありません。五〇日一〇〇日のあいだには近国を平定しますから、そのあと私の嫡子光慶《みつよし》やそなたの嫡子忠興にそれらを引き渡そうと思っているほかは何も考えていません）

藤孝父子を誘うためのことばなのだから、忠興を取り立てようとしたのだ、近いうちに子どもたちに譲ろうと思っているといった内容がどの程度真意をあらわしているのかわからないが、信長を討った光秀の当面の目標が近国を堅めることだとしていることを考えると、あくまでも光秀は、天下という空間を静謐に保とうとする信長の本来の考え方を忠実に受け継ごうとしたのかもしれない。

ごくわずかのあいだではあるが、少なくとも朝廷は光秀を天下人とみなして京都の安全保障を要請する使者を遣わすなど、謀叛人扱いをしていない。それなりの対応をとっている。基本的に朝廷は、自分たちを保護してくれる人間であれば誰でもよく、武家権力者が誰であるべきだという理念を前提にして動くことはなかった。

その後、光秀は「天下」をどうしようと考えていたのだろうか。彼は信長に仕える以前は義昭に仕え、室町将軍による天下統治の枠組みをよく知っていた。右の文書にあるように、子どもたちの世代に引き渡すのか、あるいは毛利氏のもとに庇護されていた義昭復帰を画策したのか、みずからが天下人として信長が当初抱いた天下静謐維持を担っていこうとしたのか。ここから想像の羽根を広げると、さすがに学問の範囲から逸脱してしまうことになるだろう。

信長の「天下」に対する自己認識を確認し、それにもとづく行動を朝廷との関係を軸に見てきた結果、本能寺の変の原因にまで足を踏みいれてしまった。信長は四国攻めを決断した時点で、天下静謐の考え方をみずから否定してしまったも同然であった。本書がここまでくどいほどくりかえし論じてきた、一本筋の通った信長の天下静謐という理念が、死ぬまで守られたというわけではなかった可能性も見えてきた。

これもまた想像の世界だから深入りしないが、その行き着く先は誰しもが大筋で予想できることなのではないだろうか。すなわち、そのまま天下静謐はなし崩しに破られ、毛利氏や長宗我部氏を敵とした戦乱状態がなお収まらないという状況である。そうなると、武家による平和が達成された近世が到来するのは、もっと先の話になっただろう。あるいは、そうした時代が訪れることすらなかったかもしれない。

本能寺の変以後のことは、あくまでも本書で論じた信長の志向を延長させていったすえの仮定の議論であって、これらを検証する手だてはまったくない。読者の想像にゆだねたい。いっぽう本能寺の変以前の状況についての主張は、もしそれが認められるのなら、それぞれをひとつの学説として、研究者による検証にさらされ、さらなる追究がなされてゆくだろう。そうなることを期待したい。

【引用史料】

※本文において言及した順に並べた。

※前の章までに既出のものは省略した。

※刊本（活字本）、『大日本史料』掲載史料は省略し（東京大学史料編纂所「大日本史料総合データベース」の書名検索を活用していただきたい）、活字があるものでもとくに注記が必要と判断したものは記した。

※影・謄・写・マとあるのは、それぞれ東京大学史料編纂所架蔵影写本・謄写本・写真帳・マイクロフィルムを指す。必要に応じて原本所蔵先の情報もくわえた。

※信長発給文書は奥野高広『増訂織田信長文書の研究』（吉川弘文館）に収録されているので原則的に省略した。

■序章

池田家文庫本『信長記』（岡山大学池田家文庫等刊行会編　影印本、福武書店）／『永禄十一年記』（写・尊経閣文庫所蔵）

■第一章

『中原康雄記』（写・早稲田大学図書館所蔵）／『勧修寺家文書』（『京都大学文学部博物館図録　公家と儀式』）／『尋憲記』（写・国立公文書館内閣文庫所蔵）／『二条宴乗日記』（『ビブリア』五二〜五四）

■第三章

『東大寺薬師院文庫史料』（写・東大寺図書館所蔵）／『正倉院御開封記録』（謄）／『三蔵開封日記』（二〇〇四〜〇七年度科学研究費補助金・基盤研究（A）研究成果報告書『画像史料解析による前近代日本の儀式構造の空間構成と時間的遷移に関する研究』代表加藤友康）

■第四章
『春日社司祐礒記』（写『春日大社史料』三二）／『大会方日記』（写『興福寺史料』六）／『宣教卿記』（謄・早稲田大学図書館所蔵）／『醍醐寺文書』（写）
■第五章
『今川氏真詠草』（和歌史研究会編『私家集大成』中世V上、明治書院）／『中山家記』（謄）／『大外記中原師廉記』（『東京大学史料編纂所研究紀要』二三・史料編纂所所蔵）／『砂巌』（宮内庁書陵部編、図書寮叢刊）／『東山御文庫所蔵史料』勅封一〇一函（写『後奈良天皇・正親町天皇宸記之類外十一通』）／建勲神社本『信長記』（マ）／『押小路文書』（写・国立公文書館内閣文庫所蔵）／『田中穣氏旧蔵典籍古文書』（写・国立歴史民俗博物館所蔵）／『大島正隆氏採訪秋田家史料』（『青森県史』資料編中世3）／『壬生家四巻之日記』（謄）／『太政官符』『鎌倉将軍以来宣旨』『諸儀式下行一会』（以上宮内庁書陵部所蔵）／『飯野家文書』（マ）／『東京大学文学部所蔵雑文書』（写）
■第六章
『願泉寺文書』（影）／『天台座主記要略』（謄）／『古文書（徳川頼房書状以下二十二通）』（写・史料編纂所所蔵）／『佐竹古文書』（財団法人千秋文庫編『千秋文庫所蔵佐竹古文書』）／『輪王寺文書』『吉田薬王院文書』（以上『茨城県史料』）／『孝親公記』（影）／『東北院寺務職競望一件』（マ『東山御文庫所蔵史料』）／『大乗院後法乗院尋円記』（石川武美記念図書館成簣堂文庫所蔵）／『興福寺別当記』（謄）
■第七章
『竹内文平氏所蔵文書』（『大日本史料』第十一編之二に写真掲載）／『左京亮宗継入道隆佐記』（京都市歴史資料館編『禁裏御倉職立入家文書』）
■第八章

『外宮引付』（『三重県史』資料編中世1上）

【参考文献】

※著者の五十音順に並べた。
※本文において直接触れなくとも参考にした文献も含めた。

■辞典類

『国史大辞典』（吉川弘文館）・『日本国語大辞典第二版』（小学館）・『日本歴史地名大系』（平凡社）

■自治体史

『水戸市史』上巻・『茨城県史』中世編・『茨城町史』通史編

■論文・著書

朝尾直弘『将軍権力の創出』岩波書店　一九九四年
朝尾直弘「天下人と京都」朝尾直弘・田端泰子編『天下人の時代　16〜17世紀の京都』平凡社　二〇〇三年
池享『戦国・織豊期の武家と天皇』校倉書房　二〇〇三年
池上裕子『織田信長』吉川弘文館　二〇一二年
伊藤敬「三光院実枝評伝」『国語国文研究』三九　一九六八年
伊藤真昭「織豊期伝奏に関する一考察」『史学雑誌』一〇七–一二　一九九八年
伊藤真昭「織田信長の存在意義」『歴史評論』六四〇　二〇〇三年
井上宗雄『中世歌壇史の研究　室町後期（改訂新版）』明治書院　一九八七年
今谷明『信長と天皇』講談社学術文庫　二〇〇二年

岩沢愿彦「本能寺の変拾遺―『日々記』所収『天正十年夏記』について―」『歴史地理』九一-四　一九六八年
岩沢愿彦「『三職推任』覚書」『織豊期研究』四　二〇〇二年
馬の博物館二〇〇八年春季特別展図録『ホースパレード【華やかなる日本の行列】』
遠藤巖「秋田城介の復活」高橋富雄編『東北古代史の研究』吉川弘文館　一九八六年
遠藤巖「戦国大名下国愛季覚書」羽下徳彦編『北日本中世史の研究』吉川弘文館　一九九〇年
遠藤巖「『北の押え』の系譜」荒野泰典ほか編『アジアのなかの日本史Ⅱ』東京大学出版会　一九九二年
遠藤珠紀「消えた前田玄以」山本博文・堀新・曽根勇二編『偽りの秀吉像を打ち壊す』柏書房　二〇一三年
岡本充弘「院政期における方違」村山修一ほか編『陰陽道叢書1』名著出版　一九九一年
奥野高広『皇室御経済史の研究』畝傍書房　一九四二年
奥野高広・岩沢愿彦校注『信長公記』角川文庫　一九六九年
奥野高広「織田政権の基本路線」『国史学』一〇〇　一九七七年
奥野友美「戦国期禁裏小番の様相―内々衆と外様衆の検討を通じて―」『白山史学』四三　二〇〇七年
金井德子「金神の忌の発生」村山修一ほか編『陰陽道叢書1』（前掲）
鴨川達夫『武田信玄と毛利元就　思いがけない巨大な勢力圏』山川出版社　二〇一一年
鴨川達夫「長久手の戦い―秀吉が負けを認めたいくさ」山本博文・堀新・曽根勇二編『消された秀吉の真実　徳川史観を越えて』柏書房　二〇一一年
河内将芳『信長が見た戦国京都　城塞に囲まれた異貌の都』洋泉社歴史新書y　二〇一〇年
神田千里『信長と石山合戦　中世の信仰と一揆』吉川弘文館　一九九五年

神田千里『戦争の日本史14　一向一揆と石山合戦』吉川弘文館　二〇〇七年
神田千里「織田政権の支配の論理」神田千里『戦国時代の自力と秩序』吉川弘文館　二〇一三年
神田千里「中世末の『天下』について」神田千里『戦国時代の自力と秩序』（前掲）
神田裕理「戦国末期における朝廷・天皇の政務運営―誓願寺・円福寺間相論を中心に―」池享編『室町戦国期の社会構造』吉川弘文館　二〇一〇年
神田裕理『戦国・織豊期の朝廷と公家社会』校倉書房　二〇一一年
北啓太「明治以後における東山御文庫御物の来歴」田島公編『禁裏・公家文庫研究』第一輯　思文閣出版　二〇〇三年
木下聡「織田権力と織田信忠」戦国史研究会編『織田権力の領域支配』岩田書院　二〇一一年
木下昌規「永禄の政変以降における足利義栄と将軍直臣団」天野忠幸・片山正彦・古野貢・渡邊大門編『戦国・織豊期の西国社会』日本史史料研究会　二〇一二年
桐野作人「信長への三職推任・贈官位の再検討」『歴史評論』六六五　二〇〇五年
桐野作人『織田信長　戦国最強の軍事カリスマ』新人物往来社　二〇一一年
久野雅司「織田政権の京都支配―村井貞勝の職掌の検討を通して―」『白山史学』三三、一九九七年
黒田基樹『戦国大名　政策・統治・戦争』平凡社新書　二〇一四年
国立歴史民俗博物館編『天下統一と城』図録　二〇〇〇年
小島道裕『信長とは何か』講談社　二〇〇六年
小林正信『正親町帝時代史論―天正十年六月政変の歴史的意義―』岩田書院　二〇一二年
坂本正仁「天正時の絹衣相論をめぐる根来寺と江戸氏領真言寺院」『地方史研究』三三―四　二〇〇八年
佐藤進一「室町幕府論」佐藤進一『日本中世史論集』岩波書店　一九九〇年

清水亮「『秋田城介』織田信忠考」海老澤衷先生の還暦を祝う会編『懸樋抄　海老澤衷先生還暦記念論文集』二〇〇八年
下村信博『戦国・織豊期の徳政』吉川弘文館　一九九六年
菅原正子『中世公家の経済と文化』吉川弘文館　一九九八年
鈴木芳道「戦国期常陸国江戸氏領絹衣相論に窺う都鄙間権威・権力・秩序構造」『鷹陵史学』二五　一九九九年
戦国史研究会編『織田権力の領域支配』（前掲）
高木叙子「天下人『信長』の実像1」『湖国と文化』一四六　二〇一四年
高梨真行「将軍足利義輝の側近衆―外戚近衛一族と門跡の活動―」『立正史学』八四　一九九八年
高橋慎一朗「軍勢の寄宿と都市住人」高橋慎一朗『中世の都市と武士』吉川弘文館　一九九六年
高柳光壽『戦国戦記長篠之戦』春秋社　一九六〇年
立花京子『信長権力と朝廷　第二版』岩田書院　二〇〇二年
谷口克広『戦争の日本史13　信長の天下布武への道』吉川弘文館　二〇〇六年
谷口克広『検証本能寺の変』吉川弘文館　二〇〇七年
谷口克広『信長の天下所司代　筆頭吏僚村井貞勝』中公新書　二〇〇九年
谷口克広『織田信長家臣人名辞典　第2版』吉川弘文館　二〇一〇年
谷口克広『信長の政略　信長は中世をどこまで破壊したか』学研パブリッシング　二〇一三年
谷口研語『流浪の戦国貴族　近衛前久　天下一統に翻弄された生涯』中公新書　一九九四年
津野倫明「『五人之奉行衆』設置と三条西実枝の苦悶」『戦国史研究』三八　一九九九年
永原慶二「天下人」朝尾直弘ほか編『日本の社会史3　権威と支配』岩波書店　一九八七年

橋本政宣『近世公家社会の研究』吉川弘文館　二〇〇二年
長谷川端「『太平記』作者の思想──『北野参詣人政道雑談事』に現われた政道観について──」『藝文研究』九一九五九年
久水俊和『室町期の朝廷公事と公武関係』岩田書院　二〇一一年
平山優『天正壬午の乱　本能寺の変と東国戦国史』学研パブリッシング　二〇一一年
平山優『敗者の日本史9　長篠合戦と武田勝頼』吉川弘文館　二〇一四年
藤井譲治『天皇の歴史5　天皇と天下人』講談社　二〇一一年
藤井譲治「信長の参内と政権構想」『史林』九五─四　二〇一二年
藤木久志「織田信長の政治的地位について」永原慶二、ジョン・W・ホール、コーゾー・ヤマムラ編『戦国時代』吉川弘文館　一九七八年
藤田覚『天皇の歴史6　江戸時代の天皇』講談社　二〇一一年
藤田達生『信長革命「安土幕府」の衝撃』角川学芸出版　二〇一〇年
堀新「信長・秀吉の国家構想と天皇」池享編『日本の時代史13　天下統一と朝鮮侵略』吉川弘文館　二〇〇三年
堀新「信長公記とその時代」堀新編『信長公記を読む』吉川弘文館　二〇〇九年
堀新『織豊期王権論』校倉書房　二〇一一年
本郷和人「中世古文書学再考」石上英一編『日本の時代史30　歴史と素材』吉川弘文館　二〇〇四年
松下浩「信長と安土城」堀新編『信長公記を読む』（前掲）
松下浩「織田信長と天下布武」『淡海文化財論叢』四　二〇一二年
松本和也「宣教師史料から見た日本王権論」『歴史評論』六八〇　二〇〇六年

松本和也「宣教師からみた信長・秀吉」　堀新編『信長公記を読む』（前掲）
丸島和洋「織田権力の北陸支配」　戦国史研究会編『織田権力の領域支配』（前掲）
三鬼清一郎『織豊期の国家と秩序』　青史出版　二〇一二年
宮田俊彦「逢善寺定珍と薬王院尊仁―絹衣相論について―」『郷土文化』五　一九六四年
宮田俊彦「戦国時代常陸国天台・真言両宗の絹衣争論」『歴史地理』九一―一　一九六四年
矢部健太郎「豊臣『武家清華家』の創出」　矢部健太郎『豊臣政権の支配秩序と朝廷』　吉川弘文館　二〇一一年
山田康弘『戦国時代の足利将軍』　吉川弘文館　二〇一一年
山室恭子『黄金太閤　夢を演じた天下びと』　中公新書　一九九二年
山本浩樹『戦争の日本史12　西国の戦国合戦』　吉川弘文館　二〇〇七年
山本博文『信長の血統』　文春新書　二〇一二年
山本博文『続日曜日の歴史学』　東京堂出版　二〇一三年
脇田修『織田政権の基礎構造　織豊政権の分析Ⅰ』　東京大学出版会　一九七五年
脇田修『近世封建制成立史論　織豊政権の分析Ⅱ』　東京大学出版会　一九七七年
脇田修『織田信長　中世最後の覇者』　中公新書　一九八七年
渡辺世祐「戦国時代関東に於ける天台真言両宗僧徒の争閲」『仏教史学』一―一一　一九一二年
渡辺世祐「織田信長の復古政治」　渡辺世祐『国史論叢』　文雅堂書店　一九五六年
渡邊大門『戦国の貧乏天皇』　柏書房　二〇一二年

■著者の著書・論文・書評

『中世武家政権と政治秩序』　吉川弘文館　一九九八年

「法隆寺東寺・西寺相論と織田信長」『東京大学史料編纂所研究紀要』一七　二〇〇七年
「織田信長の東大寺正倉院開封と朝廷」『国史学』一九六　二〇〇八年
『織田信長という歴史　『信長記』の彼方へ』勉誠出版　二〇〇九年
「織田信長　蘭奢待切り取り事件」『歴史読本』二〇一〇年八月号
『記憶の歴史学　史料に見る戦国』講談社　二〇一一年
「天正四年興福寺別当職相論と織田信長」天野忠幸・片山正彦・古野貢・渡邊大門編『戦国・織豊期の西国社会』（前掲）
「書評　堀新著『織豊期王権論』」『歴史評論』七四八　二〇一二年
「書評　神田裕理著『戦国・織豊期の朝廷と公家社会』」『史学雑誌』一二一－九　二〇一二年
「書評　矢部健太郎著『豊臣政権の支配秩序と朝廷』」『國學院雑誌』一一三－一〇　二〇一二年
「書評と紹介　戦国史研究会編『織田権力の領域支配』」『日本歴史』七七五　二〇一二年
（責任編集）『週刊朝日百科　新発見！日本の歴史　戦国時代3』朝日新聞出版　二〇一三年
「賀茂別雷神社職中算用状の基礎的考察」二〇〇九〜一一年度科学研究費補助金（基盤研究（B）一般）研究成果報告書『中近世移行期における賀茂別雷神社および京都地域の政治的・構造的分析研究』（研究代表者野田泰三）二〇一二年
「誠仁親王の立場」『織豊期研究』一五　二〇一三年
「天正四年興福寺別当職相論をめぐる史料」田島公編『禁裏・公家文庫研究』第五輯　思文閣出版（予定）
「天正二〜五年絹衣相論の再検討」（未発表　二〇一二年一二月口頭報告）
「天正九年正親町天皇譲位問題小考」（未発表　二〇一三年七月口頭報告）

あとがき

五年ほど前、勉誠出版から『織田信長という歴史　「信長記」の彼方へ』と題する『信長記』の成立・伝来を論じた本を出したとき、織田信長の時代を考えることはだいぶ先になるだろうと述べた。しかしそれからまだ五年しか経っていないのに、それに近い主題の本を書くことになろうとは、夢にも思っていなかった。

前著『記憶の歴史学　史料に見る戦国』を講談社選書メチエから出したあと、この間刊行された織豊期に関する論文集を何冊か書評・紹介する機会があった。すると、前著でお世話になった山崎比呂志さんから久しぶりにメールをいただき、「『織田信長と天皇』というようなテーマでメチエ第二弾を書きませんか」というお誘いを受けた。二〇一二年の晩秋頃であった。どうも山崎さんは拙評を目にし、「金子はこのテーマで何か言いたいことがあるにちがいない」と鋭敏に察知して依頼をくれたらしい。

実のところ書評・紹介に取り組んでいた頃はそんな大それたことは考えていなかった。でもそのとき先学の研究と向き合ったことが刺激になったのだろう、その時期と前後して、朝日新聞出版の新企画『週刊朝日百科　新発見！日本の歴史』のうちの信長の時代の号（創刊号でもあった）の責任編集を仰せつかり、信長の時代のことを自分なりに考え、文章にしていたところであったので、大きく心を動かされた。それに、あまり一般の目に触れないような学術雑誌の書評にまで山﨑さんが目を通しておられるのに驚き、その情報収集力にさすがと感銘を受けたこともある。

そこで思いきってご依頼を受けることに決めた。ただし翌年度予定していた國學院大學の講義においてそのテーマで話してからということで時間的猶予をいただいた。

國學院大學の二〇一三年度後期に開講された「日本時代史Ⅳ」のなかで、このテーマで講義をした。講義は本書の構成とほぼおなじような順番でおこなった。すでに論文や口頭報告としてまとめていたテーマはいくつかあったものの、講義のためにそれを再構成し、あるいは一から勉強して話を組み立て、学生の前で話してみて、終わるとそのときの臨場感を忘れぬうちに文章化、並行して翌週の準備と、目が回るような忙しさであった。

第一稿を書きあげたのは試験の採点が終わるか終わらぬかという時期であったから、そのような速度で書きつづけられたのは、われながら奇跡と言うべきだ。しかも公務の『大日本史料』編纂も佳境を迎えていたうえ、そのほか抱えていた仕事もあったため、それをこなして今があるのが信じられないほどである。いったいあのとき自分はどうやってすごしていたのか、無我夢中ということばはまさしくあのときのわたしの状態を言うのだろう。「無我」のおかげで不義理をしてしまった仕事もあり、我に返ったいま、冷や汗をかいている。

さて試験では、ひとつテーマを選んで自由に論じてもらい、わたしの考えについての批判も歓迎という問題を出した。蘭奢待や信長の官位など比較的関心度が高いだろうと考えていたテーマを選んで論じる学生さんがやはり多かったが、絹衣相論や改元、三職推任なども少なくなく、予想外にばらつきがあったのが面白かった。授業で論じたことへの鋭い批判や違和感表明もあって、なるほどこういう点を納得してもらう必要があるのかと勉強にもなった。

学生さんは皆真面目で、話もしやすかった。先行研究の整理から入り、細かな史料の解釈まで踏みこんだ退屈な講義を我慢強く聴いてくださった学生さんたちにまず感謝を申し述べたい。

その間山﨑さんが社内異動でメチエから講談社現代新書に移られ、わたしの企画もそのまま山﨑さんとともに現代新書へ移った。新書というシリーズでの執筆は未体験であったため不安もあったが、学生の頃から親しみ、現在ではわたしの大好きな書体のひとつである秀英明朝体にて装われている現代新書に自分の著作もくわわるという魅力が、その不安を払拭して余りあった。

しかしその後ここまでたどり着くのにはだいぶ苦労した。メチエ以上にわかりやすさを心がけて書かねばならず、これまで慣れた学術論文のような書き方ではまったく通用しない。原稿を提出しては、最初の読者たる山﨑さんから出されたたくさんの疑問に目を回しながら、それらに対し一問一答のように答えてその部分を加筆修正してゆくという作業をくりかえした。

打ち合わせのとき気楽に話したようなことについて、いざ文章にする段になると無意識に怖じ気づき、冒険してまで踏みこもうとしないわたしのかたくなな態度に、さぞや山﨑さんは苛立ったことと思う。粘り強くわたしの原稿に付き合っていただき、きびしい質問を放ちながら、少しずつ（ときにはがつんと力強く）硬い殻を壊して言いたいことを引き出してくださった山﨑さんには、感謝してもし尽くせない。ありがとうございました。また、前著でもそうだったが、今回も校閲部の丁寧なお仕事にずいぶん助けられた。正確を期して書いたつもりなのに、不注意な誤りが多すぎ、自分の叙述の粗雑さを思いしらされ呆然とするほかなかった。それを反省しつつ、厚く御礼申し上げます。

本書を執筆するうえでは参考文献に掲げた多くの先行研究のお世話になった。じゅうぶん触れることができなかった研究もあり、この場を借りて御礼とお詫びを申し上げたい。本書では、既発表の論文を再構成した章もあれば、口頭発表をして成稿したまま未発表の論文をもとにした章もある。これらは近いうちに論文集としてまとめて発表する予定である。本書を読んで史料の検討などに物足りなさを感じた方は、ぜひそちらをあたっていただきたい。

同僚である末柄豊さんには第三章で触れた三条西実枝の内奏状案や、第六章で触れた誠仁親王の書状など重要な文書についてご教示を賜わった。またおなじく遠藤珠紀さんにも、第五章で触れた正親町天皇の位階に関する書付や、絹衣相論に関連して天正二年に出された東国真言宗宛の柳原資定書状、第七章で触れた『古キ文』を教えていただいた。また『信長記』研究以来の勉強仲間である和田裕弘さんには第一稿を丁寧に見ていただきご意見を賜わった。深く感謝申し上げます。勤務先である東京大学史料編纂所の架蔵史料・図書や各種データベースの恩恵をこうむったことは言うまでもない。

ところで、初校校正中の二〇一四年六月二三日、岡山県の林原美術館における〝発見〟が世間を賑わせた。本能寺の変の一〇日前にあたる（天正一〇年）五月二一日付で長宗我部元親が惟任（明智）光秀家臣斎藤利三に出した書状（『石谷家文書』）が公表されたのである。この文書により、四国攻め直前の段階まで利三が信長と元親とのあいだを取りもっていたことが明らかになった。さらにこの文書は、この時点の元親の考え方を知るうえで重要であり、かつ本能寺の変の原因として最近有力な「（信長の）四国（政策の転換）説」を裏づけるのではないかと注目を集めたのである。

この文書で元親は、阿波・讃岐を放棄し信長に服従の意思を示している。この内容を「四国説」にむすびつけるためには、利三に届けられた元親の考えが信長の耳に入ったのか、入ったとすれば信長はそれにどう反応したのか、またこの知らせを利三の主君である光秀はどのように受けとめたのか、それぞれの可能性を慎重に検討しなければなるまい。「四国説」への想像をかきたて、歴史の面白さをあらためて認識させる魅力に満ちた文書ではあるけれど、直接的な〝証拠文書〟たり得ない、というのが率直な感想である。

結果的に四国攻めは取りやめにはなっていないから、信長は聞く耳を持たなかったのか、あるいはまだ報告がなされなかったのか。仮定の議論ではあるが、もし信長が元親の意向を知ったにもかかわらず、それを受け入れず四国攻めを強行しようとしたのなら、本書の推論はより説得力が増すことになる。そのため本書終章における四国攻めと本能寺の変に関わる叙述をあらためる必要性はないと判断し、ここでわたしの考えを述べるだけにとどめることにした。

本書は、現在わたしが研究代表者となって取り組んでいる科学研究費補助金・基盤研究(B)「中世における合戦の記憶をめぐる総合的研究―長篠の戦いを中心に―」(二〇一二〜一四年度、課題番号二四三二〇一二三)、および史料編纂所特定共同研究「関連史料の収集による長篠合戦の立体的復元」による成果の一部である。また、同僚が研究代表者を務め、わたしは研究分担者・連携研究者などとして参加し、研究の機会をいただいている科学研究費補助金の成果も含む。それら共同研究の研究代表者である（あった）加藤友康さん・林譲さん・山本博文さん・近藤成一さん・榎原雅治さん・田島公さん・佐藤孝之さん・遠藤珠紀さんに御礼を申し上げたい。

二〇一四年六月晦日

金子　拓

講談社現代新書　2278

織田《おだ》信長《のぶなが》〈天下人《てんかびと》〉の実像《じつぞう》

二〇一四年八月二〇日第一刷発行　二〇二一年一一月一五日第五刷発行

著　者　金子《かねこ》拓《ひらく》

発行者　鈴木章一
発行所　株式会社講談社
東京都文京区音羽二丁目一二―二一　郵便番号一一二―八〇〇一
電　話　〇三―五三九五―三五二一　編集（現代新書）
〇三―五三九五―四四一五　販売
〇三―五三九五―三六一五　業務
装幀者　中島英樹
印刷所　豊国印刷株式会社
製本所　株式会社国宝社
定価はカバーに表示してあります　Printed in Japan

N.D.C.210.4　296p　18cm
ISBN978-4-06-288278-1

「講談社現代新書」の刊行にあたって

教養は万人が身をもって養い創造すべきものであって、一部の専門家の占有物として、ただ一方的に人々の手もとに配布され伝達されうるものではありません。

しかし、不幸にしてわが国の現状では、教養の重要な養いとなるべき書物は、ほとんど講壇からの天下りや単なる解説に終始し、知識技術を真剣に希求する青少年・学生・一般民衆の根本的な疑問や興味は、けっして十分に答えられ、解きほぐされ、手引きされることがありません。万人の内奥から発した真正の教養への芽ばえが、こうして放置され、むなしく滅びさる運命にゆだねられているのです。

このことは、中・高校だけで教育をおわる人々の成長をはばんでいるだけでなく、大学に進んだり、インテリと目されたりする人々の精神力の健康さえもむしばみ、わが国の文化の実質をまことに脆弱なものにしています。単なる博識以上の根強い思索力・判断力、および確かな技術にささえられた教養を必要とする日本の将来にとって、これは真剣に憂慮されなければならない事態であるといわなければなりません。

わたしたちの「講談社現代新書」は、この事態の克服を意図して計画されたものです。これによってわたしたちは、講壇からの天下りでもなく、単なる解説書でもない、もっぱら万人の魂に生ずる初発的かつ根本的な問題をとらえ、掘り起こし、手引きし、しかも最新の知識への展望を万人に確立させる書物を、新しく世の中に送り出したいと念願しています。

わたしたちは、創業以来民衆を対象とする啓蒙の仕事に専心してきた講談社にとって、これこそもっともふさわしい課題であり、伝統ある出版社としての義務でもあると考えているのです。

一九六四年四月　野間省一

日本史Ⅰ

1258 身分差別社会の真実──斎藤洋一 大石慎三郎
1265 七三一部隊──常石敬一
1292 日光東照宮の謎──高藤晴俊
1322 藤原氏千年──朧谷寿
1379 白村江──遠山美都男
1394 参勤交代──山本博文
1414 謎とき日本近現代史 野島博之
1599 戦争の日本近現代史 加藤陽子
1648 天皇と日本の起源 遠山美都男
1680 鉄道ひとつばなし──原武史
1702 日本史の考え方──石川晶康
1707 参謀本部と陸軍大学校 黒野耐

1797 「特攻」と日本人──保阪正康
1885 鉄道ひとつばなし2──原武史
1900 日中戦争──小林英夫
1918 日本人はなぜキツネにだまされなくなったのか 内山節
1924 東京裁判──日暮吉延
1931 幕臣たちの明治維新 安藤優一郎
1971 歴史と外交──東郷和彦
1982 皇軍兵士の日常生活 一ノ瀬俊也
2031 明治維新 1858-1881 坂野潤治 大野健一
2040 中世を道から読む──齋藤慎一
2089 占いと中世人──菅原正子
2095 鉄道ひとつばなし3──原武史
2098 戦前昭和の社会 1926-1945──井上寿一

2106 戦国誕生──渡邊大門
2109 「神道」の虚像と実像 井上寛司
2152 鉄道と国家──小牟田哲彦
2154 邪馬台国をとらえなおす──大塚初重
2190 戦前日本の安全保障──川田稔
2192 江戸の小判ゲーム──山室恭子
2196 藤原道長の日常生活 倉本一宏
2202 西郷隆盛と明治維新 坂野潤治
2248 城を攻める 城を守る──伊東潤
2272 昭和陸軍全史1──川田稔
2278 織田信長〈天下人〉の実像 金子拓
2284 ヌードと愛国──池川玲子
2299 日本海軍と政治──手嶋泰伸

世界史Ⅰ

世界史Ⅱ

959 東インド会社――浅田實
971 文化大革命――矢吹晋
1085 アラブとイスラエル 高橋和夫
1099 「民族」で読むアメリカ 野村達朗
1231 キング牧師とマルコムX 上坂昇
1306 モンゴル帝国の興亡〈上〉――杉山正明
1307 モンゴル帝国の興亡〈下〉――杉山正明
1366 新書アフリカ史――宮本正興 松田素二 編
1588 現代アラブの社会思想 池内恵
1746 中国の大盗賊・完全版――高島俊男
1761 中国文明の歴史――岡田英弘
1769 まんが パレスチナ問題 山井教雄

1811 歴史を学ぶということ 入江昭
1932 都市計画の世界史――日端康雄
1966 〈満洲〉の歴史――小林英夫
2018 古代中国の虚像と実像 落合淳思
2025 まんが 現代史――山井教雄
2053 〈中東〉の考え方――酒井啓子
2120 居酒屋の世界史――下田淳
2182 おどろきの中国 橋爪大三郎 大澤真幸 宮台真司
2189 世界史の中のパレスチナ問題 臼杵陽
2257 歴史家が見る現代世界 入江昭
2301 高層建築物の世界史 大澤昭彦
2331 続 まんが パレスチナ問題 山井教雄
2338 世界史を変えた薬 佐藤健太郎

2345 鄧小平――エズラ・F・ヴォーゲル 聞き手＝橋爪大三郎
2386 〈情報〉帝国の興亡――玉木俊明
2409 〈軍〉の中国史――澁谷由里
2410 入門 東南アジア近現代史 岩崎育夫
2445 珈琲の世界史――旦部幸博
2457 世界神話学入門――後藤明
2459 9・11後の現代史 酒井啓子

哲学・思想Ⅰ

66 哲学のすすめ——岩崎武雄
159 弁証法はどういう科学か 三浦つとむ
501 ニーチェとの対話——西尾幹二
871 言葉と無意識——丸山圭三郎
898 はじめての構造主義 橋爪大三郎
916 哲学入門一歩前——廣松渉
921 現代思想を読む事典 今村仁司 編
977 哲学の歴史——新田義弘
989 ミシェル・フーコー 内田隆三
1001 今こそマルクスを読み返す 廣松渉
1286 哲学の謎——野矢茂樹
1293 「時間」を哲学する——中島義道

1315 じぶん・この不思議な存在—鷲田清一
1357 新しいヘーゲル——長谷川宏
1383 カントの人間学——中島義道
1401 これがニーチェだ——永井均
1420 無限論の教室——野矢茂樹
1466 ゲーデルの哲学——高橋昌一郎
1575 動物化するポストモダン 東浩紀
1582 ロボットの心——柴田正良
1600 ハイデガー＝存在神秘の哲学——古東哲明
1635 これが現象学だ——谷徹
1638 時間は実在するか 入不二基義
1675 ウィトゲンシュタインはこう考えた 鬼界彰夫
1783 スピノザの世界——上野修

1839 読む哲学事典——田島正樹
1948 理性の限界——高橋昌一郎
1957 リアルのゆくえ——大塚英志 東浩紀
1996 今こそアーレントを読み直す——仲正昌樹
2004 はじめての言語ゲーム——橋爪大三郎
2048 知性の限界——高橋昌一郎
2050 超解読！ はじめてのヘーゲル『精神現象学』 竹田青嗣 西研
2084 はじめての政治哲学 小川仁志
2099 超解読！ はじめてのカント『純粋理性批判』 竹田青嗣
2153 感性の限界——高橋昌一郎
2169 超解読！ はじめてのフッサール『現象学の理念』——竹田青嗣
2185 死別の悲しみに向き合う——坂口幸弘
2279 マックス・ウェーバーを読む——仲正昌樹

哲学・思想Ⅱ

Ⓑ

日本語・日本文化

105 タテ社会の人間関係 中根千枝
293 日本人の意識構造——会田雄次
444 出雲神話——松前健
1193 漢字の字源——阿辻哲次
1200 外国語としての日本語——佐々木瑞枝
1239 武士道とエロス——氏家幹人
1262 「世間」とは何か——阿部謹也
1432 江戸の性風俗——氏家幹人
1448 日本人のしつけは衰退したか——広田照幸
1738 大人のための文章教室 清水義範
1943 なぜ日本人は学ばなくなったのか——齋藤孝
1960 女装と日本人——三橋順子

2006 「空気」と「世間」——鴻上尚史
2013 日本語という外国語 荒川洋平
2067 日本料理の贅沢——神田裕行
2092 新書 沖縄読本——下川裕治 仲村清司 著・編
2127 ラーメンと愛国——速水健朗
2173 日本人のための日本語文法入門——原沢伊都夫
2200 漢字雑談——高島俊男
2233 ユーミンの罪——酒井順子
2304 アイヌ学入門——瀬川拓郎
2309 クール・ジャパン!? 鴻上尚史
2391 げんきな日本論——橋爪大三郎 大澤真幸
2419 京都のおねだん——大野裕之
2440 山本七平の思想——東谷暁